¡Victoria, y no Derrota!

KAY ARTHUR

Ministerios
Precepto
Internacional

Excepto donde así se indique, las citas bíblicas incluidas en este libro son de la Nueva Biblia Latinoamericana de Hoy.
Copyright © 2005 by The Lockman Foundation Usadas con permiso. www.nblh.org

Excepto donde se indique, todos los mapas y cuadros en este libro, al igual que la sección de "Cómo Empezar" en la introducción, han sido adaptados y condensados de la *Biblia de Estudio Inductivo* © 2005

LA NUEVA SERIE DE ESTUDIO INDUCTIVO
¡VICTORIA,
Y NO DERROTA!
ISBN 978-1-62119-168-1

Copyright © 2013 reservados todos los derechos. Ninguna parte de esta publicación puede ser reproducida, almacenada en un sistema de recuperación, o transmitida en cualquier forma o por ningún medio - electrónico, mecánico, digital, fotocopia, grabación u otros- excepto para breves citas en revisiones impresas, sin el permiso previo del editor.

Precepto, Ministerios Precepto Internacional, Ministerios Precepto Internacional Especialistas en el Método de Estudio Inductivo, la Plomada, Precepto Sobre Precepto, Dentro y Fuera, ¡Más Dulce que el Chocolate! Galletas en el Estante de Abajo, Preceptos para la Vida, Preceptos de la Palabra de Dios y Ministerio Juvenil Transform son marcas registradas de Ministerios Precepto Internacional.

2013 Edición Estados Unidos

Contenido

Cómo empezar 5

JOSUÉ
Primera Semana
  ¿Cómo ser fuerte
  y valiente? 15

Segunda Semana
  ¿Estás deseando algo que es anatema?
  ¡Mucho cuidado! 25

Tercera Semana
  ¿Cuál es el costo y la recompensa de decir:
  "Cumplí siguiendo a Jehová mi Dios"? 33

Cuarta Semana
  ¿Has decidido a quién vas a servir? 39

JUECES
Primera Semana
  La concecuencia de obedecer a medias 47

Segunda Semana
  ¡Vendidos en manos de sus enemigos!
  ¿Por qué? 53

Tercera Semana
  ¡Hunde la estaca en las sienes
  del enemigo, y canta! 59

Cuarta Semana
    ¿Qué nos hace ver como guerreros valientes
        ante los ojos de Dios (guerreros valientes,
        aunque nos tiemblen las rodillas)? 65

Quinta Semana
    Tu origen jamás limitará a Dios 71

Sexta Semana
    Caída y redención de un hombre
        valiente 77

Séptima Semana
    ¡Vendido! ¡Vendido por plata,
        vestidos y comida! 83

Octava Semana
    La total derrota por hacer lo que
        a uno bien le parezca 87

RUT
Primera Semana
    Cuando buscas refugio
        bajo la sombra de Sus alas 99

    Notas 107

Cómo Empezar...

Leer instrucciones a menudo resulta difícil y casi nunca es algo placentero; la mayoría de las veces lo que uno quiere es simplemente empezar, y sólo cuando todo lo demás falla, es cuando revisamos las instrucciones. Por lo tanto, queremos que sepas que nosotros te comprendemos; sin embargo, te rogamos que no empieces este estudio de esa manera; puesto que estas breves instrucciones realmente son fundamentales para empezar bien, y estas pocas páginas de seguro te serán de mucha ayuda.

PRIMERO

Al estudiar Josué, Jueces y Rut, necesitarás cuatro cosas fundamentales:

1. Una Biblia que estés dispuesto a marcar (porque éste es un paso fundamental). Una Biblia que resulta ideal para cumplir este propósito es *la Biblia de Estudio Inductivo;* la cual tiene el texto bíblico en una sola columna, con un tipo de letra fácil de leer e ideal para marcar. Además, presenta amplios márgenes y suficientes espacios en blanco para escribir notas.

La Biblia de Estudio Inductivo también incluye instrucciones en cuanto a cómo estudiar cada uno de sus libros; pero no contiene ningún comentario sobre el texto, ni es una recopilación de posición teológica alguna. Su propósito es enseñarte cómo encontrar la verdad por ti mismo a través del método de estudio inductivo (los diversos diagramas y mapas que encontrarás en esta guía de estudio son tomados de *la Biblia de Estudio Inductivo*).

Sin embargo, independientemente de qué Biblia utilices, de seguro tendrás que marcarla, lo cual nos lleva a las siguientes herramientas que necesitarás...

2. Un juego de bolígrafos y lápices de diversos colores, que utilizarás para marcar tu Biblia.

3. Un cuaderno de notas para hacer tus tareas y anotar tus observaciones.

SEGUNDO

1. Al estudiar Josué, Jueces y Rut, recibirás instrucciones específicas para cada día de estudio.

Recuerda que cada vez que inicias el estudio de la Palabra de Dios, te adentras a la más intensa guerra con el enemigo. ¿Por qué? Porque todas las piezas de la armadura cristiana están relacionadas con la Palabra de Dios; y el enemigo quiere que tengas una espada sin filo. ¡Pero no se lo permitas! ¡No tienes por qué hacerlo!

2. Al leer cada capítulo, acostúmbrate a plantear al texto las seis preguntas: ¿Quién? ¿Qué? ¿Cómo? ¿Cuándo? ¿Dónde? y ¿Por qué? Hacer preguntas como éstas, te ayudará a ver exactamente lo que dice la Palabra de Dios; cuando lo hagas, cuestiona cosas como:

    a. **¿Qué** se trata en este capítulo?
    b. **¿Quiénes** son los personajes principales?
    c. **¿Cuándo** ocurrió ese acontecimiento o enseñanza?
    d. **¿Dónde** ocurrió?
    e. **¿Por qué** se hizo o se dijo?
    f. **¿Cómo** ocurrió?

3. El "cuándo" de los acontecimientos o de las enseñanzas es muy importante y debe marcarse de una manera que pueda reconocerse fácilmente en tu Biblia. Nosotros dibujamos un círculo en el margen de nuestra Biblia junto al versículo donde aparece la palabra o la frase de tiempo; también puedes subrayar o colorear las expresiones de tiempo con un color específico.

Recuerda que el tiempo puede expresarse de varias maneras diferentes: Mencionando el año, el mes y el día, o indicando un acontecimiento tal como una fiesta, el año del reinado de una persona y cosas por el estilo. Además, también puede señalarse mediante palabras tales como *entonces, cuando, después, en ese tiempo* y otras parecidas.

4. Hay ciertas palabras clave que te serán indicadas marcar a lo largo de los libros de Josué, Jueces y Rut; para hacerlo, utiliza los bolígrafos y los lápices de colores. Si desarrollas el hábito de marcar tu Biblia de esta manera, pronto notarás que esto hará más eficaz tu estudio y que serás capaz de recordarlo mejor.

Una **palabra clave** es una palabra importante usada una y otra vez por el autor, con el fin de comunicar su mensaje al lector. Algunas palabras clave estarán presentes a lo largo de todo el libro, mientras que otras estarán concentradas en capítulos o secciones específicas. Cuando decidas marcar una palabra clave, también deberás marcar de la misma forma sus sinónimos (es decir, las palabras que signifiquen lo mismo en ese contexto), y cualquier pronombre relacionado (él, ella, nosotros, ustedes, ellas, su, nuestro y suyo). A continuación te damos algunas sugerencias en cuanto a la manera de marcarlas en tus tareas o trabajos diarios.

Para identificarlas con facilidad, puedes marcar las palabras clave usando colores, símbolos o una combinación de ambos. Sin embargo, los colores son más fáciles de distinguir que los símbolos. Por eso, cuando utilizamos símbolos tratamos que sean siempre los más sencillos posibles. Por ejemplo, coloreamos "**arrepentimiento**" de color amarillo, pero dibujamos una flecha roja sobre la palabra. Ese símbolo expresa el significado de la palabra (un cambio de mente), por lo tanto, cuando marques la palabra clave hazlo de tal forma que te resulte fácil recordar su significado.

Al marcar los miembros de la Deidad (lo cual no siempre debe hacerse), coloreamos de amarillo esa palabra; pero también usamos el color púrpura y marcamos al **Padre** con un triángulo así: △ que simboliza la Trinidad. Al **Hijo** lo marcamos de esta manera: ⟶ y al **Espíritu Santo** de esta otra: ☁

Tendrás que desarrollar un código de colores para marcar las palabras clave a través de toda tu Biblia; esto con la intensión que al mirar las páginas de tu Biblia puedas encontrar al instante dónde aparece cada palabra clave.

Luego de un tiempo de comenzar a marcar las palabras clave, resulta fácil olvidar cómo las estabas marcando; por lo tanto, te recomendamos utilizar una tarjeta donde las registres. Asigna un color específico a cada palabra clave y utiliza una tarjeta de 9 x 15 cm. para escribir en ella las palabras que estarás marcando a través de toda la Biblia (y usa otra tarjeta para cualquier libro específico que estés estudiando).

5. Puesto que los lugares geográficos son importantes en cualquier libro histórico o biográfico de la Biblia, te resultará muy útil marcarlos de manera que fácilmente puedas distinguirlos. Nosotros simplemente subrayamos de color verde (¡la hierba y los árboles son verdes!) cualquier referencia a lugares, utilizando un bolígrafo de colores. En el presente estudio te han sido incluidos algunos mapas a fin de que puedas ver los lugares y el contexto geográfico.

6. Cuando termines de estudiar un capítulo, anota el tema principal de ese capítulo en el cuadro del

PANORAMA del libro en el lugar señalado para cada capítulo; ese cuadro aparecerá al final de cada libro en este estudio (si tienes la Biblia de Estudio Inductivo, deberás anotar los temas de los capítulos en el cuadro del PANORAMA que aparece al final de cada libro en tu Biblia, y así tendrás siempre a mano un permanente registro de tus estudios).

7. Si estás llevando este estudio siguiendo la estructura de una hora de clase, y encuentras que las lecciones te son demasiado difíciles, simplemente haz cuanto puedas. Hacer poco es mejor que no hacer nada; por lo tanto, no seas una persona de "todo o nada" cuando se trata del estudio de la Biblia.

8. Empieza siempre tu estudio con oración; y mientras cumples tu deber de utilizar la Palabra de Dios correctamente, siempre deberás recordar que la Biblia es un libro inspirado por Dios; que las palabras que lees son verdaderas; que son procedentes de Dios para que puedas llegar a conocerlo a Él y a Sus caminos.

"Pero Dios nos las reveló a nosotros por el Espíritu; porque el Espíritu todo lo escudriña, aún lo profundo de Dios. Porque ¿quién de los hombres sabe las cosas del hombre, sino el espíritu del hombre que está en él? Así tampoco nadie conoció las cosas de Dios sino el Espíritu de Dios" (I Corintios 2:10, 11).

Por lo tanto, pídele a Dios que te las dé a conocer y te guíe a toda la verdad. ¡Él lo hará si tú se lo pides!

TERCERO

Este estudio está diseñado para mantenerte diariamente en contacto con la Palabra de Dios; y puesto que no sólo de pan vivirá el hombre, sino de toda palabra que sale de la boca de Dios, cada uno de nosotros necesita una diaria porción de ella.

Las tareas semanales abarcan siete días; sin embargo, el Séptimo Día es diferente de los demás, porque ese día se enfoca en alguna verdad principal cubierta en el estudio de la semana.

También encontrarás versículos para memorizar y GUARDAR EN TU CORAZÓN, y algunos pasajes PARA LEER Y DISCUTIR; todos ellos son de suma importancia y beneficio para el estudio de este material en clase, llevando a que el grupo enfoque su atención en una crítica porción de las Escrituras. Para ayudarte, o ayudar a la clase, hay una serie de PREGUNTAS OPCIONALES PARA LA DISCUSIÓN, seguidas de un PENSAMIENTO PARA LA SEMANA; el cual te ayudará a entender cómo debes caminar a la luz de lo aprendido.

Al discutir la lección semanal, asegúrate de respaldar tus respuestas y observaciones con la Biblia. De esa manera estarás utilizando la Palabra de Dios correctamente y con Su aprobación. Siempre deberás examinar tus observaciones y mirar cuidadosamente qué quiere decir el texto; y luego, antes que decidas qué significa el pasaje, asegúrate que tu interpretación sea hecha a la luz de las Escrituras.

Las Escrituras jamás se contradicen a sí mismas; por lo tanto, si alguna vez te parece que es así, puedes tener la total seguridad que algo ha sido tomado fuera de su contexto. Y cuando te encuentres con algún pasaje difícil de comprender, reserva tus interpretaciones para luego estudiarlo con mayor profundidad.

Los libros de la Serie Internacional de Estudios Inductivos son cursos de tipo panorámico; razón por la cual, si deseas un estudio más profundo de algún libro de la Biblia en particular, te sugerimos realizar un estudio de Precepto Sobre Precepto acerca de ese libro. Para obtener más información sobre estos estudios puedes llamar o escribir a la oficina de Preceptos en tu país.

Josué, Jueces y Rut

∾∾∾∾

¡Qué grandioso es saber que tanto tú como nosotros realmente podemos escoger ser victoriosos! Los hijos del mundo, que por naturaleza son hijos de desobediencia, no tienen esa opción; a menos que, desde luego, se arrepientan y crean en el Señor Jesucristo.

Puesto que nosotros somos hijos de Dios, la victoria siempre nos pertenece gracias a la obediencia y la fe. Y de eso trata Josué, Jueces y Rut, de escoger la victoria y no la derrota por escuchar y obedecer la Palabra de Dios. La victoria es la garantía de la fe; y sin importar qué encuentres en tu camino, o qué tengas que enfrentar, ¡tú puedes ser realmente más que vencedor por medio de Aquel que te amó!

Victoria y no derrota es un estudio que te llevará de regreso al Antiguo Testamento; cuyas páginas "se escribieron …para nuestra enseñanza, a fin de que por la paciencia y la consolación de las Escrituras, tengamos esperanza" (Romanos 15:4.) ¡Y esta esperanza será tuya si entras de lleno a este estudio y lo realizas como para el Señor!

Al estar día tras día en contacto con la Palabra de Dios, durante las siguientes semanas, te encontrarás cara a cara con la historia y con el Dios de la historia; atinadamente se ha dicho que la historia realmente es "Su historia". ¡Qué gran verdad! Porque la historia humana no es sino el relato del trato de Dios con los asuntos del hombre. Pero también es la descripción de lo que sucede cuando el hombre decide creer y obedecer a Dios, y de lo que sucede cuando no lo hace. ¿Cómo responde Dios frente a la desobediencia del hombre? ¿Existe alguna posibilidad de que un hombre cambie su vida? ¿Cuáles serán las consecuencias si no lo hace? ¿Él será el único afectado? ¿La desobediencia de un solo hombre puede afectar a toda una familia, a una sociedad y a una nación?

Al hacer este estudio, y recoger el divino maná que te alimenta, encontrarás las respuestas a estas interrogantes y a otras más. Y así, ¡descubrirás por ti mismo cómo tener victoria y no derrota!

Josué

PRIMERA SEMANA

¿CÓMO SER FUERTE Y VALIENTE?

PRIMER DÍA

Recordando lo que leíste en la sección "Cómo empezar", resulta muy conveniente hacer una tarjeta que te sirva como separador para cualquier libro de la Biblia que estés estudiando. En ella podrás escribir todas las palabras clave que deseas recordar para marcar en ese libro.

Debes tener muy presente que no todas las palabras clave aparecerán en todo el libro, ya que algunas son específicas de un capítulo o de una sección en particular. En Josué, marcarás unas cuantas palabras clave que se encuentran a lo largo del libro; pero en cada sección del libro añadirás determinadas palabras a tu tarjeta, que serán específicas de esa sección. ¡A medida que avances en tu tarea te iremos dando las palabras clave de cada sección, para que puedas añadirlas a tu separador!

El libro de Josué puede dividirse en cuatro secciones: Capítulos 1-5; 6-12; 13-21 y 22-34. La primera sección podría llamarse: "Preparándose para entrar en la tierra". Al comenzar tu estudio de este libro, escribe en tu tarjeta las siguientes palabras clave y empieza a marcarlas a medida que las veas: *Dios, Jehová, Señor, Josué, tierra, sé fuerte,*[1] *valiente, estuvieron,*[2] *órdenes,*[3] *mandato,*[4] *pacto, poseer*[5] (*posesión*),⁶ *arca del Señor, arca del pacto* e *israelitas*;⁷ y no olvides resaltar cualquier pronombre o sinónimo que tenga que ver con cada una de estas palabras. Recuerda también subrayar toda referencia geográfica usando un color distintivo; si no puedes localizar alguna ciudad o región, probablemente se deba a que se desconoce su ubicación exacta. Al ver cualquier referencia a lugar, inmediatamente consulta el mapa que aparece en la página 20.

También presta atención a qué puedes aprender acerca del Señor a medida que avanzas en el estudio del libro. ¡Al observar la forma en que el Señor se describe, y qué aprendes de Él a lo largo de todo el libro de Josué - y de los demás libros de la Biblia, aprenderás mucho de nuestro Dios! Y si empiezas a hacer una lista de todo lo que aprendes de Dios, asegúrate de reservar suficiente espacio que te permita seguir añadiendo información conforme avanzas en tu estudio. Conocer a Dios significa amarlo y confiar en Él. Daniel 11:32b nos dice que el pueblo que conoce a su Dios se esforzará y actuará.

Lee ahora Josué 1 y distingue cualquier palabra clave que aparezca, anotándola también en tu tarjeta. Al leer, observa con cuidado quiénes hablan, a quiénes se habla y qué dicen; no olvides plantear siempre preguntas pertinentes al texto como: ¿Quién? ¿Qué? ¿Cómo? ¿Cuándo? ¿Dónde? y ¿Por qué? Hacer esto te dará una mayor percepción y así te darás cuenta de que puedes usar la Palabra de Dios con mayor exactitud; puesto que estas preguntas te mantendrán apegado a lo que dice el texto de la Escritura y te ayudarán a guardarte de realizar una incorrecta interpretación.

Al terminar de leer y marcar Josué 1, en tu cuaderno de notas haz una lista de los mandamientos y las promesas de Dios para Josué. ¡Te sugerimos que reserves varias páginas para escribir en ellas lo que aprendes acerca de Josué a medida que avanzas en el estudio del libro! Escribe el tema de este primer capítulo en el cuadro PANORAMA DE JOSUÉ, que aparece en la página 44.

SEGUNDO DÍA

En este punto te resultará provechoso detenerte para leer un poco sobre el trasfondo de Josué. Al hacerlo, te darás cuenta de cómo llegó a la posición descrita en Josué 1.

Lee Éxodo 17:8-13; 24:12, 13; 32:17 (observa que Josué no se encontraba en el campamento con aquellos que pecaron, sino en la montaña esperando que Moisés descendiera). Lee Números 13:1-16, 25; 14:10, 26-38. Deuteronomio 32:44; 34:1-12. Presta mucha atención a cada referencia a Josué y márcala si lo deseas; escribe todas estas referencias en el margen de tu Biblia junto a Josué 1:1. Como referencias cruzadas, estos versículos de Éxodo, Números y Deuteronomio nos dan más claridad acerca de Josué. Las referencias cruzadas te servirán cuando no puedas recordar el lugar exacto de un pasaje que aclare al que estés estudiando o que tenga relación con el mismo. Hacer referencias cruzadas también es muy útil para cuando no dispongas de tus notas de estudio; ¡porque esas notas estarán en tu propia Biblia! Por lo tanto, para que te sirva posteriormente, escribe estas ayudas en el margen de tu Biblia junto al texto apropiado de Josué; además, añade también a la lista de Josué que empezaste ayer en tu cuaderno de notas, todos los hechos básicos que has aprendido en cuanto a él en esas referencias cruzadas. Medita por favor en la clase de hombre que Dios escogió para suceder a Moisés. ¿Dios te habría escogido a ti?

TERCER DÍA

Lee Josué 2 y señala cualquier palabra clave que encuentres. Pero en este capítulo, puesto que Rahab es un personaje muy importante, marca también de manera especial toda referencia a ella y sus pronombres. Además, deberás marcar la palabra "oído" y observar qué oyeron, quiénes los oyeron y el efecto que esto produjo (sin embargo, no añadas nada a tu separador).

Haz una lista en tu cuaderno de notas acerca de qué aprendes en este capítulo con respecto a Rahab, y sigue añadiendo información a tu lista de Josué.

Anota el tema del capítulo 2 en el cuadro PANORAMA DE JOSUÉ en la página 44.

CUARTO DÍA

Lee Josué 3 y 4, y marca nuevamente las palabras clave; asegurándote de resaltar en este capítulo los lugares geográficos (no olvides que todos estos eventos se producen cerca del río Jordán). Cuando consultes el mapa de la página 20, para localizar este territorio, fíjate dónde se encuentra el río Jordán y tenlo como punto de referencia.

Observa con mucho cuidado qué hace Dios en estos capítulos y por qué lo hace. ¡Si marcas toda referencia a *Josué* (y cualquier pronombre que se refiera a él) te será de mucha ayuda para ver qué hace Dios!

¡Asegúrate de no pasar por alto la forma en que se describe al Señor en este capítulo! Agrega cualquier nueva observación que tengas referente al Señor, en la lista que empezaste acerca de Él; y si no la has empezado, asegúrate de iniciarla hoy mismo.

Si tienes espacio en el margen de tu Biblia, apunta junto a Josué 4:19 la fecha y qué es lo que ocurre. En la página 21 encontrarás un calendario judío; observa en él cómo es el nombre babilónico del primer mes y día, y anótalo en el margen de tu Biblia junto a 4:19.

Enumera en tu cuaderno de notas cualquier nueva observación que encuentres acerca de Josué en estos dos capítulos. Apunta además los temas de Josué 3 y 4 en el cuadro del PANORAMA DE JOSUÉ en la página 44.

QUINTO DÍA

Lee Josué 5 y señala cualquier palabra clave registrada en tu tarjeta. Marca además las palabras, *circuncidó, cincurcisión,*[8] *circuncidar.*[9] Acostumbramos marcar **circuncidado** de esta manera ⌒ (a veces resulta muy útil saber cómo marcar alguna palabra, ya que hay muchos colores y símbolos a escoger).

Sería bueno que anotes en el margen de tu Biblia qué sucede en los versículos 10, 11 y 12 del capítulo 5. También marca cuándo suceden estas cosas, y presta especial atención a Josué 5:13-15.

SEXTO DÍA

Hoy empezarás una nueva sección de Josué. Esta sección podría llamarse "La conquista de la tierra", y abarca de Josué 6 al 12. Sigue señalando las mismas palabras clave que marcaste en la primera sección, en caso que aparezcan; pero, ahora añade a tu tarjeta estas nuevas palabras clave: *teman,*[10] *pelear*[11] (*lucharon*)[12] y *apoderado.*[13] Marca las palabras clave a medida que aparezcan en el texto, y recuerda señalar también cualquier pronombre o sinónimo que se refiera a ellas.

Lee Josué 6; y cuando marques las palabras clave, busca también la palabra "*anatema*"[14] y márcala de manera distintiva. También debes marcar toda referencia a *Rahab*, así como cualquier pronombre o sinónimo que se refiera a ella (márcalas tal como lo hiciste en Josué 2).

Observa en este capítulo en qué lugar es ubicada el arca del pacto (arca de Jehová) en la formación de los israelitas cuando marcharon alrededor de Jericó; presta atención a las expresiones de tiempo y márcalas de manera distinta.

**Josué:
Ocupación
de la Tierra
Prometida**

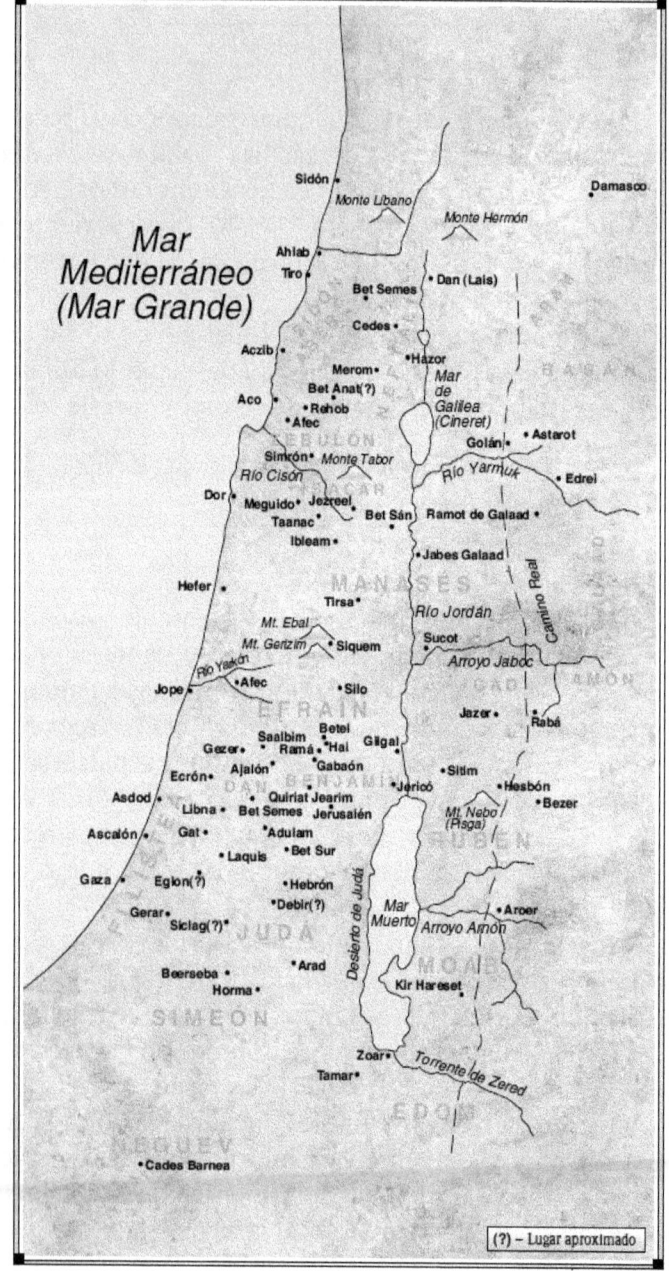

El Calendario Judío

En la actualidad todavía se emplean los nombres Babilónicos (B) para los meses en el calendario Judío. Se emplearon los nombres Cananeos (C) antes del cautiverio Babilónico en 586 a.C. Se mencionan cuatro de ellos en el Antiguo Testamento. **Adar-seni** es un mes intercalado cada dos o tres años, o siete veces en 19 años.

Mes 1	Mes 2	Mes 3	Mes 4
Nisán (B) Abib (C) Marzo-Abril	Ijar (B) Ziv (C) Abril-Mayo	Sivan (B) Mayo-Junio	Tammuz (B) Junio-Julio
Mes 7	*Mes 8*	*Mes 9*	*Mes 10*
Mes 5	**Mes 6**	**Mes 7**	**Mes 8**
Ab (B) Julio-Agosto	Elul (B) Agosto-Septiembre	Tisri (B) Etanim (C) Septiembre-Octubre	Maresván (B) Bul (C) Octubre-Noviembre
Mes 11	*Mes 12*	*Mes 1*	*Mes 2*
Mes 9	**Mes 10**	**Mes 11**	**Mes 12**
Quisleu (B) Noviembre-Diciembre	Tebeth (B) Diciembre-Enero	Shebat (B) Enero-Febrero	Adar (B) Febrero-Marzo
Mes 3	*Mes 4*	*Mes 5*	*Mes 6*

El calendario sagrado aparece en negro • El calendario civil aparece en gris

Dibuja un círculo sobre la frase o en el margen de tu Biblia.

Cuando termines de marcar cada referencia a Rahab, y de observar qué aprendes del texto acerca de ella, lee Mateo 1:5[15] y regocíjate por la admirable gracia de Dios.

Toma nota de la maldición que caería sobre cualquiera que tratara de reconstruir a Jericó. Aunque hoy en día existe una moderna ciudad llamada Jericó, la antigua ciudad jamás fue reconstruida.

Asegúrate de haber anotado los temas de los capítulos 5 y 6 en el cuadro del PANORAMA DE JOSUÉ (página 44).

No olvides añadir a tus listas cualquier nueva observación acerca de Josué y Rahab.

SÉPTIMO DÍA

 Para guardar en tu corazón: Josué 1:7,8 (o 1:7-9).

Para leer y discutir: Josué 1:1-9; 2:8-14; 6:6-16.

Preguntas Opcionales para la Discusión

- ¿Cuáles son los mandamientos y promesas que Dios hizo a Josué y al pueblo?

    a. ¿Qué se le ordenó hacer a Josué en cuanto a la Palabra de Dios?
    b. ¿Qué crees que significa "esfuérzate y sé valiente"?
    c. ¿Qué aprendiste acerca de Josué en tu estudio de esta semana? ¿Qué había en Josué, para que Dios lo pusiera en la posición de líder de Israel? ¿Josué era un hombre aprobado o no?
    d. Al llegar a este punto, ¿qué has aprendido en cuanto a Josué que puedas aplicar a tu propia vida?

- ¿De qué manera confirma Dios el liderazgo de Josué ante el pueblo? ¿De qué manera esta acción muestra que así como Dios estuvo con Moisés, estuvo también con Josué?

- ¿Qué se les ordenó hacer a los hijos de Israel antes que cruzaran el Jordán y que atacaran Jericó?

- ¿Qué eventos sucedieron en Gilgal? ¿Qué importancia tienen esos acontecimientos?

- ¿Qué aprendes por medio de Rahab, acerca de la fama que habían alcanzado los israelitas?

    a. ¿Cómo crees que afectó esa actitud a los habitantes de Jericó, cuando vieron marchar a los israelitas alrededor de la ciudad?

b. ¿Qué clase de reputación tenía Rahab? Y a pesar de eso, ¿qué hace Dios con ella y por qué?

ଓ ¿Qué crees que aprendieron los hijos de Israel en cuanto a Dios como resultado de la toma de Jericó? ¿Qué aprendiste acerca de Dios en Josué 1 al 6?

Pensamiento para la Semana

Cuando Dios dice algo, Él mantiene Su Palabra y la cumple. Las promesas de Dios son "sí" y "Amén" (2 Corintios 1:20). En Génesis 15, Dios le dijo a Abraham que sus descendientes, los israelitas, serían extranjeros en Egipto; y que serían esclavizados y oprimidos durante cuatrocientos años. Le dijo también que en la cuarta generación regresaría a la tierra que Dios le había prometido a él y a sus descendientes para siempre; sin embargo, puesto que la maldad de los amorreos (de los que vivían en Canaán) no había llegado hasta su colmo (Génesis 15:1-16), ¡esta promesa tardaría en cumplirse cuatrocientos años! Y transcurridos los cuatrocientos años Dios se disponía a cumplir Su Palabra.

¡Tanto tú como nosotros podemos confiar siempre en las promesas de Dios! Lo que Dios dice, de seguro se cumplirá; pero sólo cuando Él lo crea conveniente y será a Su manera. ¡La responsabilidad que tienes es la de conocer la Palabra de Dios! Pero no te limites simplemente a escucharla, para que después "se aparte de tu corazón". Antes bien, debes meditar en ella de día y de noche, y hacer todas las cosas que el Señor te ordene; aunque en ocasiones, lo que Dios te ordene hacer, no sea de la manera como acostumbras a lograr las cosas. Después de todo, ¿quién atacaría a una ciudad únicamente marchando seis veces alrededor de ella, esperando la caída de sus muros en la séptima vuelta, al toque de las trompetas y los gritos?

Tu responsabilidad no es cuestionar qué dice Dios ni dudar de Él, sino obedecerle. Si obedeces la Palabra de Dios, no importando cómo parezcan las cosas, estarás demostrando ser alguien fuerte y valiente.

Uno se vuelve fuerte y valiente cuando medita en la Palabra de Dios; y conocer Su Palabra te ayudará a no apartarte ni a derecha ni a izquierda. Al contrario, marcharás por la senda recta y angosta, y como resultado tendrás éxito y serás prosperado a la manera de Dios. Entonces poseerás aquello que Dios ha preparado para ti. ¿Y qué más podría desearse, verdad?

SEGUNDA SEMANA

¿Estás Deseando Algo Que es Anatema? ¡Mucho Cuidado!

Primer Día

Para que refresques tu memoria sobre las órdenes dadas por Dios a los israelitas cuando conquistaron Jericó, lee nuevamente Josué 6. Después, lee Josué 7; y al hacer esta lectura, marca cualquier palabra clave que encuentres (señala también las palabras dedicadas al *anatema*,[16] de igual manera que lo hiciste la semana anterior).

Al leer este capítulo, observa con mucho cuidado las consecuencias de la desobediencia y la manera en que Dios trata con aquellos que son desobedientes. Medita en estas cosas y piensa de qué manera se aplican estos principios a tu propia vida. Recuerda, que "Estas cosas les sucedieron como ejemplo, y fueron escritas como enseñanza para nosotros, para quienes ha llegado el fin de los siglos". " Por tanto, el que cree que está firme, tenga cuidado, no sea que caiga. No les ha sobrevenido ninguna tentación que no sea común a los hombres. Fiel es Dios, que no permitirá que ustedes sean tentados más allá de lo que pueden soportar, sino que con la tentación proveerá también la vía de escape, a fin de que puedan resistirla" (1 Corintios 10:11-13).

No olvides marcar las referencias de los lugares geográficos y buscarlos en el mapa de la página 20.

Recuerda que si no puedes encontrar un lugar específico en el mapa, es porque se desconoce su ubicación.

Anota el tema de Josué 7 en el cuadro del PANORAMA DE JOSUÉ en la página 44 y añade cualquier observación adicional a tu lista acerca de Josué.

SEGUNDO DÍA

Lee Josué 8. Fíjate cómo Josué toma la ciudad de Hai y escribe qué ocurre después de su conquista (localiza en el mapa de la página 20, el monte Ebal y el monte Gerizim).

No olvides seguir añadiendo información referente a Josué, y escribir el tema del capítulo 8 en el cuadro PANORAMA DE JOSUÉ en la página 44.

TERCER DÍA

Lee Josué 9 y señala las palabras clave. Asegúrate de no pasar por alto la palabra "*pacto*".[17] Observa lo que los hijos de Israel se vieron obligados a hacer debido a la seriedad del pacto hecho con otro pueblo. Un pacto era un convenio obligatorio, solemne, que una vez hecho, debía ser respetado. Si alguna vez has estudiado qué es un "*pacto*"* te habrás dado cuenta que bajo un pacto las partes relacionadas se comprometían a defenderse mutuamente. Al leer, observa cómo llegaron a establecer este pacto los hijos de Israel con los gabaonitas. Aquí hay una excelente enseñanza para cada uno de nosotros.

---

* Si deseas hacer un estudio más profundo sobre " El Pacto" y ver por ti mismo lo que dicen las Escrituras, adquiere el curso de estudio inductivo sobre El Pacto. Para mayor información sobre este curso, llama a la oficina de Ministerios Precepto en tu país.

Cuarto día

Lee Josué 10 y marca cualquier palabra clave de las registradas en tu tarjeta. Este capítulo empieza con la campaña militar de Josué en el sur. Mira el mapa titulado Invasión de Josué por 3 frentes en la página 28. Marca con colores diferentes cada una de las flechas del mapa. Por ejemplo, colorea de rojo la primera, de azul la segunda y de verde la tercera.

Después, en el mapa más grande titulado La Ocupación de la Tierra Prometida en la página 20, colorea de azul las ciudades que aparecen mencionadas en el capítulo 10 para mostrar que las mismas fueron conquistadas por Josué en su segunda gran campaña del sur.

En el margen de tu Biblia, junto a Josué 10:3-5, anota los nombres de los cinco reyes amorreos. Al hacerlo, recuerda Génesis 15:13-16 donde Dios habla de la iniquidad de los amorreos.

Observa el completo trabajo que hace Josué al conquistar cada una de las ciudades. Escribe en tu lista cualquier otra observación adicional de Josué que encuentres en este capítulo. Indica también el tema del capítulo en el cuadro PANORAMA DE JOSUÉ en la página 44.

Quinto día

Lee Josué 11 y marca cualquier palabra clave que encuentres.

Al marcar las referencias a lugares, recuerda que "Cineret"[18] es otro de los nombres con que se conoce el mar de Galilea.

Al llegar a este punto, toma nota de cómo empieza Josué su tercera invasión del norte y qué provocó esa guerra. Una vez más, busca estos lugares en el mapa a continuación y coloréalos como decidiste antes. Si utilizas el código que te sugerimos el Cuarto Día, deberás colorearlos en verde.

Invasión de Josué por 3 Frentes

Anota en tu cuaderno cualquier nueva observación que descubras de Josué. Además, no olvides escribir el tema del capítulo 11 en el cuadro del PANORAMA DE JOSUÉ en la página 44.

Sexto Día

Lee Josué 12 y marca cualquier palabra clave que observes. Aquí se te dará la segunda sección: "La conquista de la tierra". La siguiente semana, para cerrar, veremos la repartición de la tierra. Al leer, consulta el mapa para mantenerte ubicado dentro del contexto.

No olvides registrar el tema del capítulo 12 en el cuadro del PANORAMA DE JOSUÉ en la página 44 y añadir tus observaciones acerca de Josué en la lista de tu cuaderno de notas.

SÉPTIMO DÍA

Para guardar en tu corazón: Josué 7:13.
Para leer y discutir: Génesis 2:16,17; 3:6,11; Josué 7:10-26; 9:14.

Preguntas Opcionales para la Discusión

- ¿Qué ordenó Dios a Adán y Eva que hicieran en cuanto al fruto del árbol de la ciencia del bien y el mal?

   a. ¿Qué secuencia de eventos se encuentra en Génesis 3:6? Observa los verbos y escríbelos.

   b. ¿Cuáles son las consecuencias de la desobediencia de Eva?

- ¿Qué mandamientos da Dios a los hijos de Israel cuando conquistan Jericó?

   a. ¿Fueron obedecidos todos estos mandamientos?

   b. ¿Qué sucede?

   c. ¿Cuándo se dan cuenta los hijos de Israel que hay pecado en el campamento con respecto a Jericó?

   d. ¿Cómo se llega a descubrir la causa de ese pecado?

- Al comparar Josué 7:21 con Génesis 3:6. ¿Qué observas?

   a. ¿Qué lecciones puedes aprender para tu propia vida en cuanto a esta verdad?

   b. ¿Cuáles son algunas de las cosas que consideras dedicadas al "anatema"[19] con relación a la vida cristiana? Asegúrate de que tus ideas encuentren suficiente apoyo bíblico dentro de su contexto.

   c. ¿Hay algo en tu vida que has tomado o tolerado, que sientes que le desagrada a Dios? ¿Qué crees que tienes que hacer?

◆ ¿Qué te enseña Josué 9:14?

   a. ¿Qué hicieron los hijos de Israel en cuanto a los gabaonitas?

   b. ¿Ellos caminaron por fe o por vista? Explica tu respuesta.

   c. ¿Hasta qué punto están obligados con los gabaonitas, desde el momento que hicieron la alianza con ellos?

   d. ¿Los apoyó Dios en el cumplimiento de ese pacto? El matrimonio es un pacto. ¿Te casaste sin la aprobación divina? ¿Cuál es tu responsabilidad? (Busca Malaquías 2:13-16 y marca la palabra "*pacto*").

◆ ¿Cómo te habló Dios en esta semana? ¿Qué aprendiste que puedas aplicar a tu propia vida?

Pensamiento para la Semana

Eva sabía qué Dios había dicho que: Ni ella, ni Adán podían comer del fruto de cierto árbol. Sin embargo, cuando la serpiente logró que Eva se interese por el árbol, la mujer contempló con gran interés aquello que le había sido prohibido y lo deseó. Lo vio, lo tomó y lo comió. ¡Pero el asunto no terminó allí! Ella hizo que Adán, su esposo, también participara de su pecado. Y las consecuencias fueron terribles, la muerte para ella, para Adán, para su descendencia y para toda la humanidad.

Acán sabía al igual que Eva, qué Dios había dicho: Que era anatema todo lo que estaba dentro de los muros de Jericó. Que todo debía ser destruido. Y nada debía ser tomado. Que por esa vez, todo botín de guerra quedaba prohibido.

Esas fueron las órdenes dadas por Dios. Sin embargo, el mismo Acán confesó que cuando vio el hermoso manto, la plata y el oro, en ESE MOMENTO el deseo se apoderó de su corazón y tomó aquello que codiciaron sus ojos. Pero esto no sólo significó la muerte de Acán y su familia. También murieron cerca de treinta y seis valientes guerreros como consecuencia de su pecado. Cuando Josué envió a sus hombres a tomar Hai, él no sabía que había pecado en el campamento; que alguien había transgredido la ley del Señor, que Acán había cometido anatema en Israel. Que había desobedecido al Señor.

¡Qué lección tan grande para nosotros! Debemos obedecer a un Dios que es santo; y el pecado tiene que ser juzgado. Si Dios no podía bendecir a Israel cuando había pecado en el campamento, tampoco podrá bendecirte si hay pecado en tu vida.

Amigo, piensa en esto. Guarda tus ojos, no sea que desees cosas que Dios ha declarado "anatema" y como consecuencia te veas seducido por los deseos pecaminosos. Si eso ocurre, ten la seguridad que tu pecado te alcanzará (Números 32:23).

Pídele a Dios que te recuerde que Él debe ser consultado y obedecido en todas las cosas.

TERCERA SEMANA

¿CUÁL ES EL COSTO Y LA RECOMPENSA DE DECIR: "CUMPLÍ SIGUIENDO A JEHOVÁ MI DIOS"?

PRIMER DÍA

Esta semana daremos inicio a la tercera sección de Josué: "La distribución de la tierra", que comprende los capítulos 13 al 21. Sigue marcando las palabras clave a medida que aparezcan; y añade a tu tarjeta las palabras *"heredad"*[20] (*conquistar*)[21] y *"prometido"*.[22] Tal y como lo has hecho anteriormente, recuerda marcar también los pronombres y sinónimos que se refieran a las palabras clave.

Lee Josué 13 y señala las palabras clave.

Como podrás observar en esta semana, la presente sección del libro de Josué tiene que ver con la repartición de la tierra a las diversas tribus de Israel; por lo tanto, necesitarás consultar antes el mapa de la página 20 para poder estar bien ubicado dentro del contexto geográfico. También debes marcar de una manera distinta cada referencia a las diferentes tribus, para que puedas distinguir con facilidad la herencia correspondiente a cada una.

Conforme hagas tu estudio de esta semana, será interesante notar que es Dios quien les da a las doce tribus de Israel esta tierra y que actualmente algunas naciones la reclaman como si fuera suya. Ve al mapa de la página 20, y observa completamente esta división.

Añade cualquier nueva observación a tu lista de Josué, y escribe el tema del capítulo 13 en el cuadro PANORAMA DE JOSUÉ en la página 44.

SEGUNDO DÍA

Lee Josué 14 y 15. Al marcar las palabras clave presta especial atención al nombre *Caleb*. Recuerda también marcar los pronombres que se refieran a él; y anota en tu cuaderno todo lo que aprendas del texto en cuanto a Caleb.

Si dispones de tiempo, lee Números 13 y 14. Si no estás muy familiarizado con el relato de Números, la lectura de estos capítulos no sólo te hará apreciar más a Caleb, sino que además te inspirará para caminar en la obediencia de la fe. En el designio divino nada pasa inadvertido, porque Dios recompensa a la persona que le es fiel. Escribe los temas de Josué 14 y 15 en el cuadro del PANORAMA DE JOSUÉ en la página 44. Apunta también en tu cuaderno cualquier nueva observación acerca de Josué.

TERCER DÍA

Lee Josué 16 y 17 y marca las palabras clave. Toma nota de los nombres de los hijos de Josué, cómo fueron nombrados entre las tribus y cómo recibieron su herencia. Presta atención en qué lado del Jordán está la herencia que reciben. Una vez más necesitarás comparar este territorio con las actuales fronteras del Israel moderno y con lo que reclaman otras naciones vecinas como suyo (ver mapa de la página 35).

No olvides agregar a tu lista lo que aprendes acerca de Josué en estos capítulos. Registra tus temas de Josué 16 y 17 en el cuadro del PANORAMA DE JOSUÉ en la página 44.

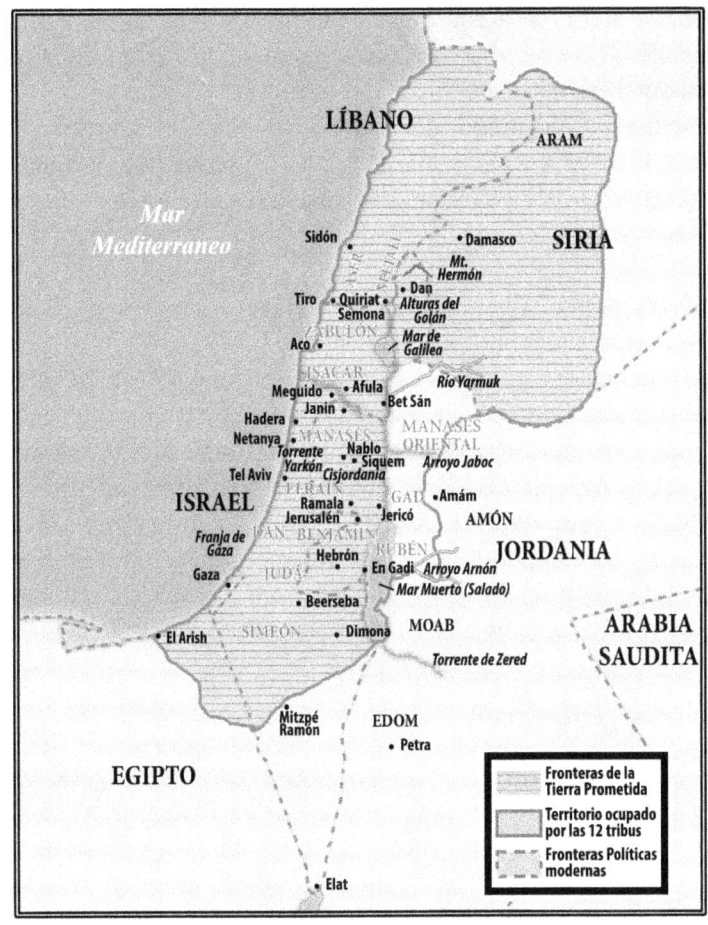

Cuarto Día

Lee Josué 18 y asegúrate de marcar las palabras clave. Toma nota de dónde es levantado el tabernáculo de reunión y el hecho de que siete de las tribus aún no habían dividido su territorio (acostumbramos marcar de la misma manera, a lo largo de la Biblia, cada referencia al tabernáculo de reunión y al templo en toda la Biblia).

Presta atención a cualquier referencia a Jerusalén; la cual habría de convertirse en la Sion terrenal, la ciudad de Dios, y con el tiempo en el lugar del templo.

Escribe el tema del capítulo 18 en el cuadro del PANORAMA DE JOSUÉ en la página 44 y añade cualquier observación adicional a la lista de Josué.

QUINTO DÍA

Señala las palabras clave al leer Josué 19. Fíjate qué se termina de hacer en este capítulo. Apunta también qué recibe Josué, y de nuevo marca la referencia al tabernáculo de reunión. No olvides indicar el tema de este capítulo en el cuadro del PANORAMA DE JOSUÉ en la página 44 y añadir a tu lista de Josué cualquier observación adicional que descubras.

SEXTO DÍA

Lee Josué 20 y 21. Marca las referencias al vengador de la sangre o cualquier otra palabra clave que aparezca. Toma nota también de los nombres de las ciudades de refugio, ¿por qué son llamadas ciudades de refugio y cuántas ciudades hay? Escribe esta información en el margen de tu Biblia.

Cuando lees Josué 21, fíjate en los nombres de las tres familias (los hijos)[23] de los levitas. Presta también atención a cualquier referencia a las ciudades de refugio.

Según la Biblia, ¿a quiénes les pertenece la ciudad de Hebrón (es la misma Hebrón de la actualidad)? ¿Te das cuenta de lo relevante que es para nosotros este antiguo libro? ¡Oh, la eternidad de la Palabra de Dios!

Observa con mucha atención los últimos tres versículos del capítulo 21 y piensa en qué enseñan acerca de Dios.

Escribe los temas de los capítulos 20 y 21 en el cuadro del PANORAMA DE JOSUÉ en la página 44, y agrega cualquier nueva observación acerca de Josué que hayas obtenido de la lectura de estos capítulos.

SÉPTIMO DÍA

Para guardar en tu corazón: Josué 21:45.
Para leer y discutir: Números 13:25-14:4, 26-35; Josué 14:6-15; 15:13-19; 21:43-45.

PREGUNTAS OPCIONALES PARA LA DISCUSIÓN

- ¿Qué aprendiste esta semana en cuanto a Dios y Sus promesas?

- ¿De qué manera se compara todo lo aprendido con lo dicho por Dios a Josué en Josué 1:1-9?

- ¿Qué aprendiste de Números 13 y 14 en cuanto a:

    a. creer en Dios en medio de las circunstancias difíciles?

    b. qué le sucede a las personas en momentos de temor o frustración?

    c. quedarse solo?

    d. las opiniones de la mayoría?

- ¿Qué responsabilidad individual tiene cada persona ante la Palabra de Dios? ¿Observa Dios nuestra obediencia o desobediencia personal? ¿Cómo lo sabes?

- Después de estudiar Números 13 y 14, y los primeros veintiún capítulos de Josué, ¿qué aprendiste de las vidas de Caleb y Josué? ¿De qué manera puedes aplicar lo que aprendiste acerca de ellos en tu propio caminar con Dios?

- ¿Había terminado Dios con Caleb o él terminó el trabajo encomendado por Dios al llegar a la edad de ochenta y cinco años? ¿Cuándo piensas que Dios deja de interesarse por una persona? ¿Por qué?

Pensamiento para la Semana

Creerle a Dios sin importar qué vean tus ojos, qué sienten tus emociones, qué diga la "mayoría", no es nada fácil. Y es muy posible que tengas que quedarte solo; pero, si eso sucede, es momento de ser fuerte y valiente; de obedecer todo lo ordenado por Dios en Su Palabra, y de recordar que sin fe es imposible agradar a Dios.

Amigo, si pasas la prueba, si crees y obedeces a Dios, puedes estar seguro que en el tiempo y a la manera de Dios, serás vindicado. Josué y Caleb fueron vistos como tontos cuando estuvieron con Moisés y Aarón contra el estallido de ira de una muchedumbre identificada como escogidos de Dios. Pero, ante los ojos del Señor, los tontos eran los otros por no haber creído todo lo que Jehová había hablado.

Requirió de cierto tiempo, pero después de los cuarenta años de peregrinación, cuando todos los contemporáneos de Josué y Caleb murieron en el desierto y sólo ellos sobrevivieron, fue muy evidente que los dos que habían escogido creer a Dios eran los únicos que tenían la razón.

Recuerda esto: Debido a que Dios es Dios, jamás dejará de cumplir ni una sola de Sus promesas que ha hecho. Lo que Dios ha dicho se cumplirá. Por lo tanto, aférrate a Él y a Su Palabra en obediencia a la fe ... y recuerda: La fe no es verdadera hasta que no es probada.

Pasa la prueba de fe para que puedas decir como Caleb: "Yo cumplí y seguí a Jehová mi Dios" (Josué 14:8).

CUARTA SEMANA

¿Has Decidido a Quién Vas a Servir?

Primer día

Hoy empezaremos la sección final de nuestro estudio, que cubre los capítulos 22 al 24. "La exhortación de Josué a servir a Aquel que les dio la tierra". Sigue marcando las palabras clave a medida que aparezcan; agrega, además, las palabras *"servir"* (*servían*)[24] y *"mandamiento/s"* a tu separador. No olvides marcar todos los sinónimos y pronombres relacionados con cada una de estas palabras.

Lee Josué 22 y marca tus palabras clave. Compara Josué 22:1-9 con Deuteronomio 3:18-20 y Josué 1:10-18. Anota estas referencias cruzadas en el margen de tu Biblia.

Segundo día

Lee Josué 22:10-34 y señala cada vez que aparezca la palabra *"altar"* (junto con sus pronombres), y también cualquier referencia al tabernáculo de Dios. Al terminar, haz una lista de todo lo que aprendas como resultado de marcar *altar*. Observa por qué las otras tribus estaban preocupadas debido a la construcción de este altar, y qué descubrieron en cuanto al propósito de su construcción.

Escribe el tema de Josué 22 en el cuadro del PANORAMA DE JOSUÉ en la página 44. No olvides añadir a tu lista de Josué cualquier nueva observación que encuentres.

TERCER DÍA

Lee Josué 23 y marca cualquier palabra clave que encuentres en este capítulo. Cuando marques cualquier referencia a la herencia o posesión de las tribus, marca también de la misma manera las frases: "*esta buena tierra que el Señor su Dios les ha dado*"[25] y "*esta buena tierra que el Señor su Dios les ha dado*".[26] Además, y de manera distintiva, subraya cada referencia a naciones.

Agrega cualquier nueva observación a tu lista acerca de Josué, y escribe el tema de Josué 23 en el cuadro de PANORAMA DE JOSUÉ de la página 44.

CUARTO DÍA

Lee otra vez Josué 23 y anota en tu cuaderno todo lo que aprendas como resultado de marcar la palabra "*naciones*". Escribe también todo lo que aprendas de Dios en este capítulo y sigue añadiendo información a tu lista acerca de Josué.

QUINTO DÍA

Repasa lo que observaste ayer en Josué 23 en cuanto a las naciones, y lee después Deuteronomio 7. Señala aquí cada referencia a *naciones* y anota qué aprendes en cuanto a ellas en este capítulo y compáralo con Josué 23.

Registra el tema de Josué 23 en el cuadro de PANORAMA DE JOSUÉ en la página 44.

Sexto Día

Lee Josué 24 y marca las palabras clave. Haz una lista de todo lo que aprendas acerca de "*sirvieron*"[27] en esta lectura. Anota además, cualquier nueva observación acerca de Josué que descubras en este último capítulo del libro.

Anota el tema de Josué 24 en el cuadro del PANORAMA DE JOSUÉ en la página 44.

Séptimo Día

Para guardar en tu corazón: Josué 24:14,15.
Para leer y discutir: Josué 24.

Preguntas Opcionales para la Discusión

- ¿Qué aprendiste esta semana en Josué 23 al enumerar tus observaciones en cuanto a Dios?

- ¿Qué aprendiste en Josué y Deuteronomio acerca de las naciones, en lo que respecta a Israel? ¿Puedes ver algunas posibles aplicaciones o enseñanzas para tu propia vida personal? ¿Encuentras algo que te ayudaría en la educación de tus hijos? Discute tus observaciones.

- Al leer qué dice el Señor al pueblo, por medio de Josué en este capítulo final del libro, ¿qué ves que está haciendo Dios? *Ahora pues* cuál es entonces el propósito en Josué 24:14? (Ya que la NVI omite el "Ahora pues" aquí está la versión NBLH para su consideración: "Ahora pues, teman (reverencien) al SEÑOR y sírvanle con integridad y con fidelidad.

Quiten los dioses que sus padres sirvieron al otro lado del Río (Eufrates) y en Egipto, y sirvan al SEÑOR.")

∾ ¿Qué aprendiste esta semana en cuanto a servir al Señor? Discute el pasaje de Josué 24 en relación a esto y después plantea las siguientes preguntas:

   a. ¿Qué opciones tienen los hijos de Israel?

   b. ¿Alguien podía decidir por ellos, en lo referente a servir al Señor?

   c. ¿Quién es responsable por tus decisiones?

   d. ¿Podrías excusarte (sea cual fuere la razón) si decides no servir al Señor?

∾ Si tienes tiempo, repasa todo lo que anotaste en el cuadro del PANORAMA DE JOSUÉ en la página 44. Si estás haciendo este estudio con un grupo, permite que todos den a conocer la verdad más importante que aprendieron en el estudio de este libro.

Pensamiento para la Semana

Josué, Caleb, Rahab, Acán y los jefes de las doce tribus de Israel enfrentaron decisiones; decisiones en cuanto a quién habrían de creerle, y por lo tanto, a quién habrían de servir. Con cada decisión había una acción a seguir y una consecuencia de esa acción. Me pregunto: ¿Qué pasaría si nosotros como hijos de Dios nos detuviéramos a reflexionar en un espíritu de oración, y contempláramos la dirección en que nos tenemos que mover? ¿Qué diría Dios de eso y cuáles serían las consecuencias de nuestra decisión? Piensa en esto, mi amigo, porque bien vale la pena hacerlo. Esto podría cambiar el curso de una vida… y hasta el de un pueblo o una nación.

¿Qué habría ocurrido con los hijos de Israel si Josué no hubiera decidido ser fuerte, valiente y obediente a todo lo que Dios le había ordenado?

¿Qué sucederá contigo, con tus seres queridos, con tus amigos, con tu nación, si decides servir al Señor Jehová, si determinas amar al Señor tu Dios y andar en Sus caminos? ¿Qué pasará si decides no obedecer Sus mandamientos, no mantenerte firme en Él, y no servirle con todo tu corazón y toda tu alma? ¡No tientes a Dios! ¡Esfuérzate y sé valiente! Haz la prueba y verás lo que ocurrirá.

Panorama de Josué

Tema de Josué

	División por Secciones		Temas por Capítulo
Autor:			
			1
Fecha:			2
			3
Propósito:			4
			5
Palabras Clave:			6
			7
			8
			9
			10
			11
			12
			13
			14
			15
			16
			17
			18
			19
			20
			21
			22
			23
			24

Jueces

PRIMERA SEMANA

LA CONSECUENCIA DE OBEDECER A MEDIAS

Nota especial: Al estudiar el libro de Jueces, las palabras clave que debes marcar te serán dadas a medida que avanzas en el estudio del libro; y, puesto que las palabras clave de este libro son muy específicas para cada capítulo o sección, un separador con dichas palabras nos resultará útil. Por otra parte, en la página 64 encontrarás un mapa que te ayudará a mantenerte dentro del contexto de estudio.

PRIMER DÍA

Dado que el libro de Jueces no se presenta de manera cronológica, te resultará conveniente empezar el estudio familiarizándote con los pasajes mencionados a continuación. Lee, en primer lugar, Jueces 1 y 2; luego, Jueces 17:6; 18:1; 19:1 y 21:25. No olvides marcar de manera distinta las palabras clave que encuentres en estos pasajes (al llegar a este punto, fíjate si puedes encontrarlas sin ayuda; y si no sabes cómo descubrir palabras clave, vuelve a leer el segundo punto de "Cómo empezar" en las primeras páginas de este libro). Este ejercicio te proporcionará el contexto de Jueces.

SEGUNDO DÍA

Lee otra vez Jueces 1 y toma nota del contexto del

libro en relación al de Josué. Señala cualquier afirmación que diga que algunas de las tribus *no expulsaron,*[1] o *no tomó posesión de*[2] los pueblos que habitaban en la tierra. Marca también cada referencia a las diversas tribus de Israel. A continuación se encuentra un cuadro que muestra la ubicación de estas tribus.

Distribución de los Campamentos de las Tribus de Israel

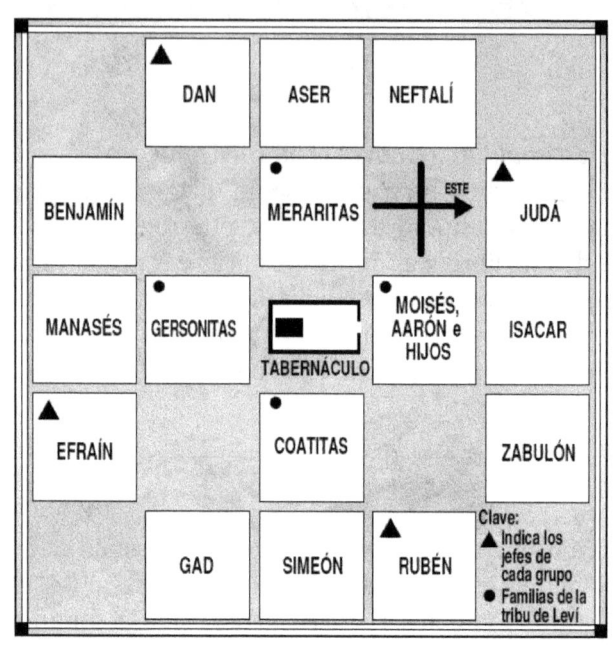

TERCER DÍA

Los pasajes que siguen a continuación constituyen excelentes referencias cruzadas para Jueces 1 y para las repetidas frases clave que marcaste ayer. Mira estas referencias y compara cada una de ellas con Jueces 1; Éxodo 23:20-33; Deuteronomio 7:1-11, 16; Josué 23:5-13.

Al observar la correlación que hay entre los versículos de Jueces con los de Éxodo, Josué y Deuteronomio, apunta estos versículos como referencias cruzadas en el margen de tu Biblia. Hacer referencias cruzadas te servirá de ayuda cuando no puedas recordar el lugar de un pasaje que aclare lo que estás estudiando y que tenga relación con el mismo. Estas referencias también son muy útiles cuando no dispones de tus notas de estudio; ¡porque las notas las encontrarás en tu propia Biblia! Por lo tanto, escribe cualquier referencia cruzada en el margen de tu Biblia junto al texto apropiado de Jueces 1. Anota también en el cuadro del PANORAMA DE JUECES en la página 96 el tema de Jueces 1.

CUARTO DÍA

Lee Jueces 2 y marca de manera distinta las referencias cruzadas sobre *Josué*. Luego, en tu cuaderno, escribe qué aprendes como resultado de marcar el nombre de Josué (si ya hiciste el estudio del libro de Josué y enumeraste lo que aprendiste acerca de él en este estudio, continúa añadiendo a esta lista). Fíjate también en el escenario de este capítulo; por ejemplo, ¿dónde se inicia geográficamente y qué sucede allí?

QUINTO DÍA

Lee nuevamente Jueces 2, y esta vez subraya de manera distintiva cada referencia a los *Israelitas*[3] junto con cualquier pronombre (tales como: *ellos, los, sus*) o sinónimo que se refiera a ellos (tales como: *Israel o pueblo*). Toma nota del desarrollo de los acontecimientos en este capítulo, y observa qué hacen los hijos de Israel y cómo Dios responde.

SEXTO DÍA

Lee Jueces 2 por tercera vez, y señala las palabras *juez* y *jueces*. Luego, haz una lista de todo lo que observes en este capítulo acerca de los jueces. No olvides escribir el tema de Jueces 2 en el cuadro del PANORAMA DE JUECES en la página 96.

SÉPTIMO DÍA

 Para guardar en tu corazón: Jueces 21:25.
Para leer y discutir: Jueces 2.

PREGUNTAS OPCIONALES PARA LA DISCUSIÓN

- ¿Qué dejaron de hacer los hijos de Israel y cómo respondió Dios?

- Con relación a Josué, ¿cuándo sucedieron estos acontecimientos?

- ¿Qué aprendiste en Jueces 2 en cuanto a los hijos de Israel? ¿Cómo era esa "generación" y por qué?

- Jueces 2 ofrece un transfondo general de las características de los tiempos en los días de los jueces. De acuerdo al texto, ¿encuentras un ciclo repetitivo en la vida del pueblo? ¿Qué te da esa impresión? ¿Cómo era el ciclo y por qué no desaparecía? Apoya tu respuesta basándote en el texto.

- ¿Existe alguna similitud entre tu vida personal y la vida del pueblo de Dios del tiempo de los jueces (hasta lo que has podido ver en Jueces 1 y 2)? ¿Cuál es el paralelo? ¿Hay algo en estos dos capítulos que brinde una pista de por qué existe tal paralelo?

☙ ¿Qué te ha enseñado Dios por medio del estudio de esta semana? ¿Ves alguna similitud con la sociedad de hoy? ¿Cuál sería la solución?

Pensamiento para la Semana

No puedes esperar ser un triunfador si sólo haces lo que a ti te parece bien; si Dios te ordena hacer algo, es porque tiene una buena razón para ello. Desobedecer a Dios significará recibir las consecuencias de tal desobediencia.

En 1 Corintios 15:33 el Señor nos advierte: "No se dejen engañar; 'Las malas compañías corrompen las buenas costumbres". Los hijos de Israel tuvieron problemas porque no echaron por completo a sus enemigos, sino que se mezclaron con ellos; como resultado final, sus enemigos se convirtieron en lazo y espinas para ellos.

¡Oh amado! ¡No se puede condescender de ninguna manera con el pecado o con los que viven de manera pecaminosa! Al inicio, tu condescendencia podría ser considerada por los demás como una gentileza, y hasta podría ser aplaudida. Sin embargo, ¡eso no durará! Pues si tú no obedeces a Dios terminarás siendo dominado; y a menos que te arrepientas ante Dios con verdadero pesar, al final te encontrarás viviendo en medio de un repetitivo ciclo de pecado.

Acuérdate de los hijos de Israel… ellos **pecaron**; y como consecuencia, Dios **los entregó en manos de** sus enemigos. Ya cuando estuvieron en medio de su gran aflicción clamaron al Señor, **¡Quien entonces les levantó un salvador, un juez!** Sin embargo, los hijos de Israel nunca se arrepintieron con sinceridad; nunca tuvieron un cambio de corazón; y su alivio era sólo temporal. ¡Una y otra vez volvieron a la esclavitud!

Existe una tristeza que es según Dios; la cual lleva al arrepentimiento y a la vida; y hay una tristeza según el mundo, que sólo lleva al remordimiento y a la muerte. ¿Cuál prefieres tú?

SEGUNDA SEMANA

¡Vendidos en Manos de Sus Enemigos! ¿Por qué?

Primer día

Lee Jueces 2:1 al 3:4 y marca la palabra *probar*[4]. Al terminar, escribe en tu cuaderno quién está probando a quiénes, cómo están siendo probados y por qué.

Segundo día

Lee nuevamente Jueces 2 y esta vez marca la frase *los israelitas hicieron lo malo ante los ojos del Señor.*[5] Luego, de una manera distinta, señala las frases *los entregó en manos de* o *los vendió en manos de".*[6] Por último, subraya también una tercera frase de manera distinta: *el Señor levantó jueces.* [7]

Tercer día

Lee Jueces 3 y busca cualquier similitud con las tres frases que marcaste en Jueces 2; señálalas de igual manera que con las frases similares del día de ayer (para señalar las frases similares que aparecen en Jueces 2, debes marcar: *los israelitas hicieron lo malo ante los ojos del Señor*[8] o *los israelitas volvieron a hacer lo malo ante los ojos del Señor;*[9] *el Señor levantó un libertador*[10] o *los entregó en manos de*).[11] Después busca la frase *los israelitas clamaron al Señor*[12] y márcala de manera distintiva.

CUARTO DÍA

Lee Jueces 3:3-11 y marca las expresiones de tiempo. Recuerda dibujar un círculo sobre la frase de tiempo o en el margen de tu Biblia. En las páginas 92-95, encontrarás un cuadro titulado LOS JUECES DE ISRAEL, escribe en él lo que aprendas acerca de Otoniel.

QUINTO DÍA

Lee Jueces 3:12-30 y subraya una vez más cualquier expresión de tiempo. Después escribe en el cuadro de LOS JUECES DE ISRAEL (páginas 92—95) lo que aprendas acerca de Aod.

SEXTO DÍA

Lee Jueces 3 nuevamente, y esta vez subraya todas las referencias en cuanto al SEÑOR (recuerda marcar también los pronombres). Si no deseas marcar todas estas referencias, por lo menos haz una lista en tu cuaderno de todo lo que aprendas acerca del Señor en este capítulo.

Escribe en el cuadro de LOS JUECES DE ISRAEL todo lo que aprendas acerca de Samgar (páginas 92—95). Localiza después en el cuadro de EL PERIODO DE LOS JUECES los nombres de los jueces mencionados en

Jueces 3; anota también los temas de Jueces 3 y 4 en el cuadro de PANORAMA DE JUECES (página 96).

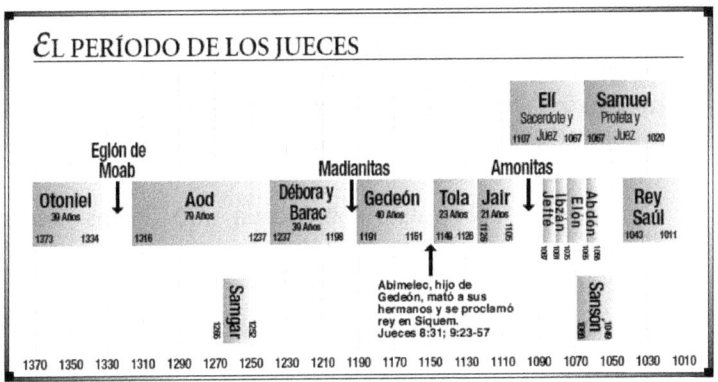

SÉPTIMO DÍA

 Para guardar en tu corazón: Jueces 3:1,2.
Para leer y discutir: Jueces 2:20-3:31

PREGUNTAS OPCIONALES PARA LA DISCUSIÓN

- ¿De qué manera prueba Dios a los hijos de Israel y por qué? ¿Cómo puedes aplicar a tu vida lo aquí aprendido? Explica tu respuesta.

- Lee Jueces 3:3-6, y después Deuteronomio 7:1-11 y 2 Corintios 6:14 - 7:1. ¿Qué similitudes ves en estos pasajes? ¿Qué lecciones encuentras para tu vida personal? ¿Pudiste ver en estos versículos las consecuencias de desobedecer tal principio?

☙ Discute cualquier similitud o relación que hayas observado en los capítulos 2 y 3 de Jueces, y repasa las frases que marcaste. ¿Encuentras algún paralelo entre la frase "gran aflicción" de 2:15 y el clamor de los hijos Israel del capítulo 3? Si es así, marca *y se angustiaron en gran manera*[13] de Jueces 2 de igual manera que marcaste *los israelitas clamaron al Señor;*[14] ya que fue por su aflicción que clamaron al Señor.

☐ ∾ Discute qué aprendiste sobre cada uno de los jueces mencionados en Jueces 3.

☐ ∾ ¿Qué aprendiste acerca de Dios - de Su modo de actuar, Su poder, Su inteligencia, Su amor - en el estudio de esta semana?

☐ ∾ ¿Qué verdad te tocó de forma más profunda?

Pensamiento para la Semana

En Jueces 1 encontramos una nación indiferente a los mandamientos del Señor. Tan solo le quedaba un destello de vida a la llama de pasión por Dios de los días de Josué y de los ancianos. El mandamiento de Dios había sido gravemente traicionado; y en lugar de obedecer ardientemente a Dios y expulsar a los habitantes de la tierra, los hijos de Israel dejaron que los paganos vivieran en medio de ellos… ¡y sufrieron las consecuencias! Sus hijos e hijas se casaron con personas cuyo sistema de creencias estaba en oposición a lo que Dios era y al estilo de vida que estaban llamados a vivir como hijos de Dios; dejando en evidencia que una de las causas principales del fracaso en la vida cristiana es permitirse una obediencia parcial a la Palabra de Dios, y de esta manera, ¡a la voluntad de Dios!

La apatía espiritual no confrontada llevará finalmente a la apostasía. Apostatar es apartarse de algo que una vez creímos; y los hijos de Israel pasaron del glorioso resplandor de la victoria bajo el liderazgo de Josué, a la oscuridad de la desobediente apatía en los días de los jueces. La apostasía finalmente conduce a la anarquía; por lo cual, en los días de los jueces cada quien hacía lo que bien le parecía. No había rey en Israel y tampoco deseaban obedecer a Dios.

El no adorar únicamente a Dios condujo a los israelitas a seguir a otros dioses… los dioses de las naciones que les rodeaban; lo cual provocó, con justa razón, la ira del Señor. Por lo tanto, Él los vendió en manos de sus enemigos.

¡Una nación que había sido llamada a ser libre, a imponerse sobre sus enemigos, ahora estaba bajo el yugo de ellos! Sin embargo, el carácter de Dios, Su persona, jamás cambió. ¡Y Él, que es rico en bondad y misericordia, levantó jueces que libertaran a Su pueblo! Dicho juez aliviaba la situación del pueblo, pero los israelitas nunca quisieron cambiar; y así, por casi cuatrocientos años, vivieron bajo la oscuridad de una recurrente aflicción y en la derrota propia de la apostasía y anarquía.

Por favor, ¡jamás te vuelvas apático a la Palabra de Dios ni a Su voluntad!

TERCERA SEMANA

¡HUNDE LA ESTACA EN LAS SIENES DEL ENEMIGO, Y CANTA!

PRIMER DÍA

Lee Jueces 4 y subraya las frases clave *los israelitas volvieron a hacer lo malo ante los ojos del SEÑOR*,[15] *el SEÑOR los vendió en manos de*[16] y *los israelitas clamaron al SEÑOR*.[17]

SEGUNDO DÍA

Lee Jueces 4 y 5, prestando especial atención a cuándo ocurren estos capítulos como aparecen en el texto, y señala el tiempo de cada acontecimiento usando el símbolo de un reloj - como hiciste la semana pasada. Compara esto con lo que ves en el cuadro EL PERIODO DE LOS JUECES (página 55).

Vuelve a leer Jueces 4 y al hacerlo planteále al texto las seis preguntas: ¿Quién? ¿Qué? ¿Cómo? ¿Cuándo? ¿Dónde? y ¿Por qué? (si no recuerdas cómo hacer las seis preguntas, vuelve a leer "Cómo empezar" en la página 6).

Luego, con un color distinto o en forma diferente marca cada referencia a *Débora* (incluyendo cualquier sinónimo o pronombre). Después, en tu cuaderno elabora una lista sobre lo aprendido de ella en el texto; no olvides dejar suficiente espacio para añadir más notas correspondientes al curso de esta semana.

TERCER DÍA

Lee una vez más Jueces 4 y marca toda referencia a *Barac, Sísara* y *Jael* (no olvides subrayar también los pronombres).

CUARTO DÍA

Anota en tu cuaderno todo lo aprendido en Jueces acerca de *Barac, Sísara* y *Jael* (y después, consulta el mapa de la página 64). Toma nota acerca de dónde ocurren los hechos de Jueces 4; en especial, dónde se encuentran Barac y Débora, y dónde termina cada uno de ellos.

QUINTO DÍA

Lee Jueces 5 y subraya las referencias a *Débora, Barac, Sísara* y *Jael*; añade sus datos a las listas que tienes para cada uno de ellos en tu cuaderno. Marca además cualquier expresión de tiempo.

SEXTO DÍA

En Jueces 4 se encuentra una narración de los acontecimientos ocurridos en el período de los jueces en la historia de Israel. Y en Jueces 5, gracias al relato acerca de Débora y Barac, se añade más información a los hechos registrados en el capítulo 4 (realiza una comparación de ambos capítulos).

Observa a las tribus: Efraín, Benjamín, Zabulón, Isacar, Rubén, la media tribu de Manasés (busca Josué 22:9;

en Jueces 5 se le llama Galaad, indicando la región que ocupa), Aser, Dan y Neftalí.

Si dispones de tiempo, puedes marcar las palabras *levántate*[18] y *despierta* que aparecen en los capítulos 4 y 5 para una mayor comprensión. Asegúrate de marcar ambas palabras y también las palabras *se levantó*[19] y *la salida.*[20]

Presta atención a todo cuanto puedas aprender en el capítulo 5, en cuanto a la manera de vivir del pueblo durante ese tiempo y la manera exacta en que Dios los libró de mano de sus enemigos.

Acuérdate de apuntar el tema de Jueces 4 y 5 en el cuadro del PANORAMA DE JUECES en la página 96.

SÉPTIMO DÍA

Para guardar en tu corazón: Jueces 5:2,7.
Para leer y discutir: Jueces 4:11 - 5:31.

PREGUNTAS OPCIONALES PARA LA DISCUSIÓN

¿De qué forma se desarrollan los acontecimientos en Jueces 5?

¿Qué aprendiste acerca de Débora en este capítulo? ¿Cómo fue que Débora, una mujer, llegó a ocupar tal posición? (Consulta lo aprendido acerca de los jueces en el capítulo 2).

a. Discute qué enseña el texto en cuanto a la relación de Débora con el Señor.

b. ¿Cómo se comporta Débora en relación con Barac?

¿Cómo fue vencido Sísara? ¿Qué mujer recibe la gloria, por así decirlo, por haber vencido a Sísara? (narra la historia de principio a fin).

- ¿Qué percibes en Jueces 4 y 5 sobre la forma en que Dios derrotó a Sísara y a sus carros de hierro? ¿Qué te enseña esto en cuanto al Señor?

- ¿Qué aprendes de Jueces 4 y 5 con relación a las condiciones de vida del pueblo durante la opresora dominación de Jabín sobre los hijos de Israel?

- Discute la participación (o la falta de ella) de las diversas tribus de Israel en la batalla contra Sísara.

- ¿Qué aprendiste de Jueces 4 y 5 que puedas aplicar a tu propia vida?

Pensamiento para la Semana

Lo que la tribu de Rubén experimentó en el conflicto con Sísara, y la opresión de Jabín el rey de Canaán, son una buena lección que debemos entender; porque desafortunadamente parece ser muy aplicable a muchos cristianos hoy en día. En Jueces 5:15b puede verse a la tribu de Rubén actuando con sentimentalismo: Hubo grandes resoluciones del corazón, pero no fue movido al sacrificio; mientras los demás habían ido a la guerra, él se quedó entre el redil de las ovejas tocando su flauta.

¡Oh amigo!, ¡no debes ser como la tribu de Rubén! ¡Los soldados están llamados a ocupar el frente de batalla! Si no vas a la lucha, si no cumples con tu parte de enfrentar al enemigo, de seguro sentirás también mucho remordimiento por la oportunidad perdida como la tribu de Rubén lo sintió, y tendrás la conciencia intranquila (Jueces 5:7).

¡Ojalá puedas cantar el cántico de victoria de Débora y de Barac! ¡Que despiertes a la situación que te rodea, y te levantes "como madre [o padre] en Israel" (Jueces 5:7)! ¡Que cantes por saber lo que hiciste, lo que pudiste y cuando pudiste! ¡Que cantes porque cuando los líderes se ponen al frente, el pueblo se ofrece voluntariamente (5:2)! ¡Que cantes porque cuando te lanzas en obediencia a la fe, puedes estar seguro que el Señor te levantará para pelear y quebrantar al enemigo en el momento preciso y a Su manera! ¡Que cantes porque los que aman a Dios serán como el sol cuando sale en toda su fuerza (Jueces 5:31)!

Despierta a tu responsabilidad como hijo de Dios. Haz lo que puedas y donde puedas bajo Su dirección. Si así lo haces, hundirás a tu manera la estaca en las sienes de tu enemigo ¡y no tendrás remordimientos de conciencia como los tuvo la tribu de Rubén!

Josué: Ocupación de la Tierra Prometida

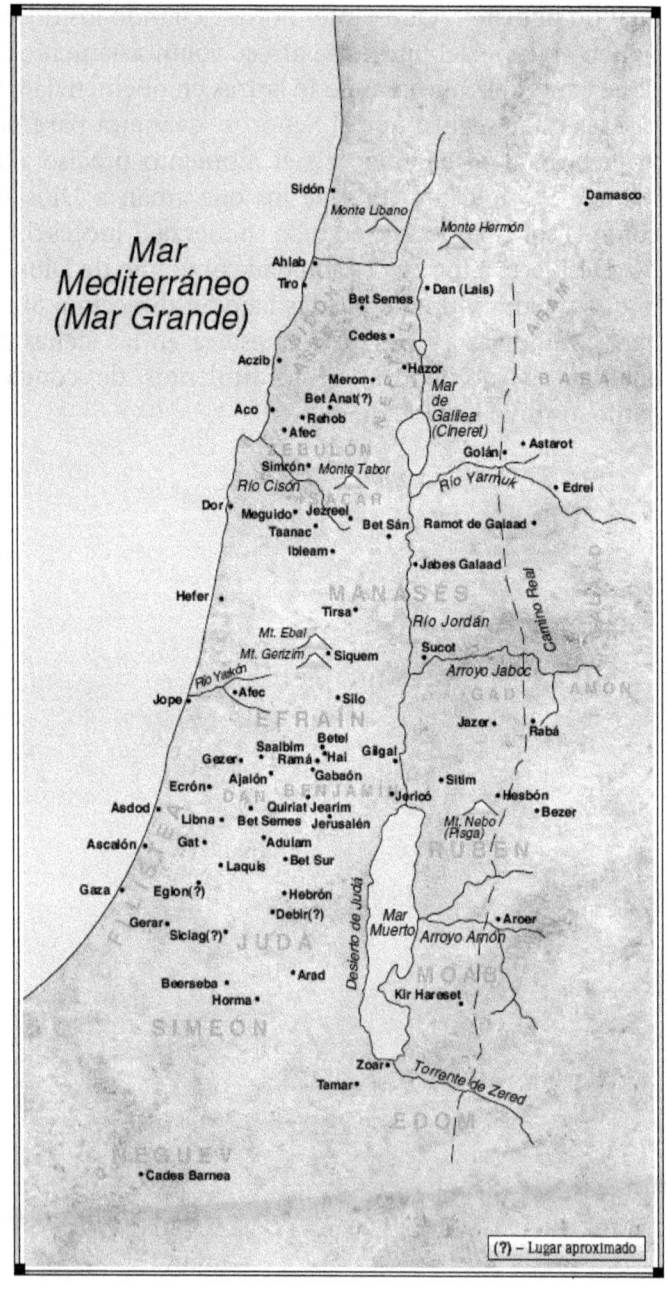

CUARTA SEMANA

¿QUÉ NOS HACE VER COMO VALIENTES GUERREROS ANTE LOS OJOS DE DIOS (O VALIENTES GUERREROS, AUNQUE NOS TIEMBLEN LAS RODILLAS)?

PRIMER DÍA

Lee Jueces 6 una vez más, asegurándote de marcar las frases que describen el ciclo repetitivo en que estaban cautivos los hijos de Israel *los israelitas hicieron lo malo ante los ojos del SEÑOR,*[21] *el SEÑOR los entregó en manos de,*[22] *y los Israelitas clamaron al SEÑOR.*[23] Recuerda una vez más el ciclo: Los hijos de Israel hacen lo malo, luego son entregados en manos del enemigo, claman a Jehová, y el Señor les levanta un salvador, un juez.

También presta atención y marca las expresiones de tiempo, y examina el texto a la luz de las seis preguntas para ver qué aprendes.

SEGUNDO DÍA

Lee otra vez Jueces 6 subrayando cada referencia a *Gedeón*; y después, en tu cuaderno, haz una lista de todo aquello que descubras de él en el texto. Deja suficiente espacio para añadir más detalles posteriormente en esta lista. Subraya también cada vez que aparezcan las palabras *temerán*[24] y *temía,*[25] y sus sinónimos.

TERCER DÍA

Lee una vez más Jueces 6, y subraya cada referencia al Señor,[26] Señor, Dios de Israel,[27] el Señor tu Dios,[28] y Señor Dios.[29] Continúa añadiendo a tu lista acerca de Dios, todo lo que aprendas en este capítulo en cuanto a Él. Reflexiona sobre la manera en que el Señor trata con los hijos de Israel y con Gedeón en particular. ¿Qué descubre Gedeón acerca de Dios? ¿Qué descubres tú acerca de Él?

Anota el tema de Jueces 6 en el cuadro del PANORAMA DE JUECES de la página 96.

CUARTO DÍA

Lee Jueces 7 y, como hiciste en Jueces 6, subraya la referencia a *miedo*.[30] A medida que lees el texto, haz las seis preguntas fundamentales observando el desarrollo de los acontecimientos en este capítulo. Al finalizar, realiza en tu cuaderno un bosquejo de la secuencia de los eventos cubiertos en este capítulo.

QUINTO DÍA

Lee Jueces 7 una vez más, y concéntrate en los eventos de este capítulo tal como lo hiciste ayer. Fija tu atención en Dios, Gedeón, los hombres de Gedeón y los madianitas. Agrega cualquier nueva observación acerca de Gedeón a la lista que iniciaste el Segundo Día. Añade también a tu lista lo que aprendes de Dios en este capítulo. Enumera qué aprendes acerca de los hombres de Gedeón y los madianitas. Asegúrate de apuntar cómo trata Dios con Gedeón y cómo él responde.

SEXTO DÍA

Lee Jueces 8 y señala toda referencia a *miedo* y a *Gedeón*; además, escribe en tu cuaderno los principales acontecimientos de este capítulo, y continúa añadiendo a tu lista los principales eventos del capítulo. También agrega lo aprendido de Gedeón y asegúrate de anotar lo que él hace, qué se convirtió en una trampa para él y para su casa, y por qué.

Asegúrate de marcar todas las frases de tiempo; luego, en la sección LOS JUECES DE ISRAEL (páginas 92-95) escribe la información acerca de Gedeón y apunta el tema de Jueces 7 y 8 en el cuadro del PANORAMA DE JUECES (página 96).

SÉPTIMO DÍA

Para guardar en tu corazón: Jueces 6:12.
Para leer y discutir: Jueces 6:11-32; 7:1-18; 8:22-32.

PREGUNTAS OPCIONALES PARA LA DISCUSIÓN

¿Cuáles son los principales acontecimientos de la vida de Gedeón que aparecen en Jueces 6 al 8?

¿Cómo contrasta el final de la vida de Gedeón con lo aprendido acerca de él en Jueces 6?

a. ¿Cómo fue la relación de Dios con Gedeón?

b. ¿Qué aprendiste de los hechos de la vida de Gedeón, de su respuesta a Dios y de la voluntad de Dios?

c. ¿Algunas de estas lecciones son aplicables a tu vida y a tu situación actual, o a la vida que llevas ahora con respecto a tu futuro?

El libro de Jueces afirma que en los días de los jueces cada uno hacía lo que bien le parecía. ¿Estuvo bien que Gedeón tomara el oro e hiciera un efod? (El efod era algo que se utilizaba para buscar la voluntad de Dios, tal como aparece descrito en Éxodo 28; se trataba de una vestidura de lino fino que utilizaban los sacerdotes. También la había utilizado David siendo rey (II Samuel 6:14). El efod estaba sujeto a los hombros por medio de hebillas unidas por un ónice; cada uno tenía grabados los nombres de seis de las doce tribus de Israel. El pectoral que colgaba del efod tenía una bolsita de lino que contenía los Urim y Tumin que pudieron haberse utilizado como forma de adivinación sagrada para consultar la voluntad de Dios [1 Samuel 28:6.] Lee Éxodo 28:6-30). Discute la validez de las acciones de Gedeón y los resultados de haber hecho ese efod.

Efod (visto desde atrás)

¿Qué aprendes de las acciones de Gedeón y de la respuesta de Dios, que podrías aplicar a tu caminar con el Señor?

Pensamiento para la Semana

¿Qué hace de ti un guerrero valiente ante los ojos de Dios? ¿Acaso será el conocer cómo hacer bien las cosas? ¿Por qué no temes a tus enemigos? ¿O por qué actúas seguro, con plena confianza en el Señor y en Su sabiduría?

El ángel del Señor llamó a Gedeón "varón fuerte y valiente" (Jueces 6:12) cuando él era todavía un joven que no había sido probado en la batalla. ¿Será que Dios llamó a Gedeón "varón fuerte y valiente", porque sabía que le obedecería paso a paso, aún cuando tuviera temor y temblor? ¿Lo hizo porque sabía que con temor o sin temor, Gedeón lo reconocería como "Jehová es paz" (Jehová - shalom)? ¿Lo habrá llamado así porque a pesar de que por temor evitaría hacerlo a plena luz del día, el Señor sabía que finalmente lo haría?

¿Se puede ser esforzado y valiente, a pesar de todo? ¿Necesitas la seguridad de "vellones de lana" que te digan que estás oyendo con claridad las órdenes de arriba? ¿Puede llamársete "varón fuerte y valiente" a pesar que necesites de varias pruebas de que Dios hará lo que Él dijo que haría, y aunque tenga que descender al campamento para comprobar personalmente tu situación por una última vez?

¡Pues sí! ¡Tú puedes ser un varón fuerte y valiente ante los ojos de Dios si tan sólo te mantienes caminando por fe, sin importar lo tambaleante que pueda ser esa fe en algunas ocasiones!

Sigue adelante, varón fuerte y valiente… porque ahora tienes la oportunidad de saber quién es tu Dios por medio del conocimiento de Su Palabra. "El pueblo que conoce a su Dios se esforzará y actuará" (Daniel 11:32b).

Recuerda: ¡Gedeón triunfó por fe, Madián perdió por temor!

QUINTA SEMANA

TU ORIGEN JAMÁS LIMITARÁ A DIOS

PRIMER DÍA

Lee Jueces 8:29 - 9:22. ¿Ves algunas frases clave que tengan que ver con el ciclo repetitivo del pecado de Israel que observamos en Jueces 2 y 3? Toma nota de quién es Abimelec. ¿Nos dice el texto si era un juez puesto por Dios o un juez usurpador?

SEGUNDO DÍA

Lee Jueces 9. Observa los diversos acontecimientos que se producen en este capítulo, y quiénes son sus protagonistas; y en tu cuaderno, realiza una lista de tus observaciones. Después de finalizar la lectura de Jueces 9, ¿crees que Abimelec debería ser considerado como uno de los legítimos jueces de Israel?

TERCER DÍA

Lee Jueces 10. Al igual que antes observa con atención y marca las frases clave que muestran el repetitivo ciclo de Israel durante los días de los jueces (*los israelitas volvieron a hacer lo malo ante los ojos del SEÑOR,*[31] *los entregó en manos de,*[32] *los israelitas clamaron al SEÑOR*).[33] Fíjate bien en la forma en que Dios trata con los hijos de Israel cuando ellos claman a Él, y observa cómo responden.

Mira el cuadro EL PERIODO DE LOS JUECES en la página 55 y nota dónde se localizan históricamente los jueces mencionados en Jueces 10. Escribe qué aprendes acerca de ellos en este capítulo de LOS JUECES DE ISRAEL en las páginas 92-95.

CUARTO DÍA

Lee Jueces 11. Observa el mapa de la página 64 y busca el lugar de Galaad (está al oriente del río Jordán, al norte del río Jaboc. Tob se encuentra al noreste del río Yarmuk).

Observa los hechos que acontecen en este capítulo y las personas relacionadas con ellos. Escríbelos en tu cuaderno para que se pueda seguir la secuencia de acontecimientos en la vida de Jefté.

QUINTO DÍA

Lee Jueces 12, y toma nota de si Jefté es considerado o no como un juez.

Cuando leas acerca de los hombres de Efraín que pasaron a Zafón (observa el mapa de "CIUDADES Y ASENTAMIENTOS ISRAELITAS EN EL TIEMPO DE LOS JUECES" que aparece en la página 75) y que amenazaron a Jefté, ten en mente Jueces 8:1-3 y la condición de los tiempos descritos en los versículos que revisaste en Jueces 17 al 21 en la Primera Semana de este estudio.

SEXTO DÍA

Usa hoy tu tiempo de estudio para repasar lo que aprendiste en Jueces 11 y 12. Escribe tus observaciones acerca de los jueces mencionados en estos capítulos en el cuadro de LOS JUECES DE ISRAEL de las páginas 92-95, al igual que los datos acerca de los jueces mencionados en estos dos capítulos. Anota también los temas de Jueces 9, 10, 11 y 12 en el cuadro del PANORAMA DE JUECES en la página 96.

SÉPTIMO DÍA

 Para guardar en tu corazón: Jueces 11:35b.
Para leer y discutir: Jueces 11:12-40.

Preguntas Opcionales para la Discusión

Además de Jefté, ¿qué otros jueces estudiamos esta semana?

a. ¿Qué aprendiste sobre cada uno de los jueces? (Después discute acerca de Jefté).

b. ¿Abimelec fue un juez? ¿En qué pasajes basas este punto?

c. ¿Qué aprendiste de la vida de Abimelec y de la forma en que Dios se ocupó de él?

¿Qué aprendiste sobre el período de Jefté como juez? ¿Cómo sabes que Jefté fue considerado un juez?

a. Discute el origen de Jefté y la forma en que Dios lo usa a pesar de ser hijo de una prostituta.

b. ¿Con qué seriedad tomó Jefté la Palabra de Dios y su compromiso con Él?

c. ¿Qué puedes ver en su hija como respuesta a su voto? ¿Qué te dice esta respuesta acerca de ella, de Jefté y de la seriedad de un voto?

Lee Levítico 19:12; Deuteronomio 23:21-23 (si dispones de tiempo, lee también Números 30). Discute estos pasajes a la luz del voto de Jefté; luego, discute lo que dice Mateo 5:33-37 en cuanto a los juramentos.

En todo cuanto has estudiado esta semana, ¿te ha hablado Dios de alguna manera especial? Si es así, cuéntaselo a los demás.

Pensamiento para la Semana

El origen de una persona jamás limitará a Dios. Él no sólo salvó a los espías por medio de Rahab la prostituta en tiempos de Josué, sino que también la incluyó en el linaje humano de Su Hijo, el Señor Jesucristo.

Dios, en Su tiempo y a Su manera, levantó a Jefté como juez a pesar de haber sido repudiado y relegado por su familia debido a ser hijo de una prostituta. Pero Jefté demostró ser un hombre que tomó con toda seriedad su compromiso con Dios.

¿Con qué seriedad has tomado tu compromiso con Dios y con Su Hijo el Señor Jesucristo? ¿Hay votos que has hecho al Señor y que no has cumplido? ¿Lo llamas "Señor, Señor" y haces aquello que Él quiere que hagas, o es "Señor" tan sólo de nombre?

Vivimos en una época y en una sociedad en la que muchos creyentes hacen lo que bien les parece porque Jesucristo no reina en ellos. Los ojos de Dios contemplan toda la tierra, para mostrar Su poder a favor de los que tienen corazón perfecto para con Él (2 Crónicas 16:9a.) ¿Qué verán los ojos de Dios en tu corazón?

El Señor desea levantar hombres y mujeres en los que Él pueda confiar y a quienes pueda usar en estos postreros tiempos. ¡Tu origen no es lo que importa! Lo que importa es lo sincero que seas en cuanto a la Palabra de Dios y a tu compromiso con el Señor.

¡Sé entonces el hombre o la mujer que Él necesita para esta hora!

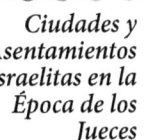

Ciudades y asentamientos israelitas en la Época de los Jueces

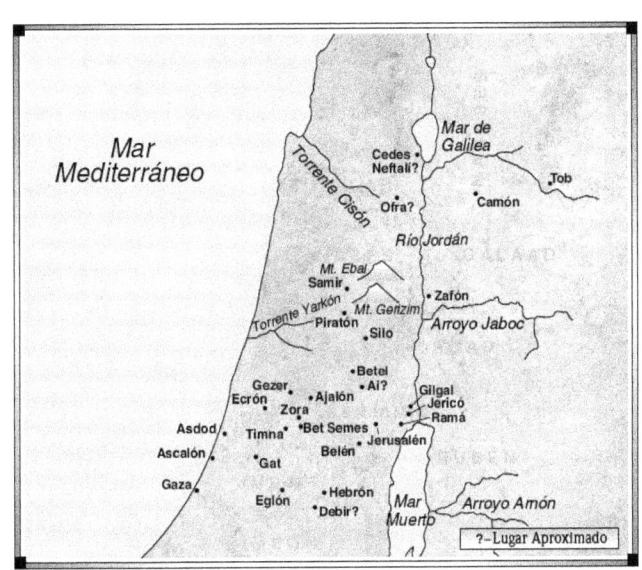

SEXTA SEMANA

CAÍDA Y REDENCIÓN DE UN HOMBRE VALIENTE.

PRIMER DÍA

Toda esta semana estará dedicada al estudio de un solo juez, de Sansón (héroe de tantas historias infantiles). Al concluir la semana tendrás la historia completa de este personaje bíblico. Cuando estudies cada capítulo, anota cuidadosamente en tu cuaderno la información acerca de él. Unifica tus notas acerca de Sansón de acuerdo a los principales acontecimientos de su vida y nacimiento, entre otras cosas. ¡Este estudio te resultará muy valioso, porque hay mucho que aprender de su vida!

Lee Jueces 13. Observa las circunstancias que rodean el nacimiento de Sansón, quiénes son sus padres, qué clase de padres parecen ser, qué les preocupa e interesa a ellos, etc.

Trata también de localizar en el mapa de la página 79 los lugares mencionados en estos capítulos.

SEGUNDO DÍA

Nuevamente lee Jueces 13, y tal como lo has hecho antes, marca cualquier frase que se refiera al ciclo repetitivo de Israel en cuanto a hacer el mal, ser oprimidos por sus enemigos, etc. (*los israelitas volvieron a hacer lo malo ante los ojos del* SEÑOR,[34] *los entregó en manos de*). También señala de manera especial la referencia al *Espíritu del Señor*,[35] pensando en qué aprendes de ello. Marca todas las referencias a los *filisteos*; en la actualidad, con frecuencia se le llama Palestina a la tierra de Israel, lo cual no es correcto porque ese nombre no es bíblico y debe usarse solo para referirse a Filistea, la tierra de los filisteos.

Señala también la palabra *nazareo*, y escribe qué aprendes del contexto de Jueces 13 en cuanto a lo que era un nazareo.

TERCER DÍA

El voto de un nazareo podemos verlo descrito en Números 6. Estúdialo hoy para que estés al tanto de lo que significaba este voto y anota de manera especial qué aprendes en cuanto al cabello de alguien que hacía un voto. A propósito, no confundas "nazareo" con "nazareno". Este último era una persona de la ciudad de Nazaret (recuerda que Jesús era nazareno). Por lo tanto, ser nazareno no tiene relación con tener el cabello largo, ni ingerir licor o hacer un voto.

CUARTO DÍA

Lee Jueces 14. Localiza a Timna en el mapa y señala cada referencia al *Espíritu del Señor* y los *filisteos*. Anota todo lo que encuentres en este capítulo sobre este acontecimiento en la vida de Sansón.

QUINTO DÍA

Lee Jueces 15. Sigue marcando las palabras clave que ya has venido señalando esta semana y que aparecen en el capítulo. Marca también cualquier expresión de tiempo, y escribe en tu cuaderno los datos que encuentres en este capítulo acerca de la vida de Sansón.

Ciudades y asentamientos israelitas en la Época de los Jueces

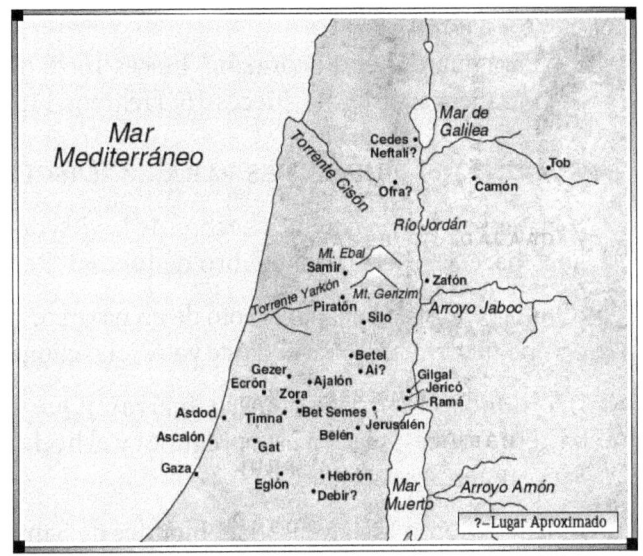

SEXTO DÍA

Lee Jueces 16 y subraya las palabras clave que aparecen en este capítulo y que has estado marcando durante la semana. Luego observa con atención qué aprendes como resultado de haberlas marcado.

Recuerda también qué aprendiste en cuanto al voto de un nazareo y presta atención a qué aprendes como resultado de haberlas marcado.

Anota en tu cuaderno tus observaciones acerca de la vida de Sansón. Luego, escribe lo aprendido en el cuadro LOS JUECES DE ISRAEL de las páginas 92-95. Por último, anota los temas de Jueces 13, 14 y 15 en el cuadro EL PANORAMA DE JUECES en la página 96.

SÉPTIMO DÍA

 Para guardar en tu corazón: Jueces 16:28 o 16:30b.
Para leer y discutir: Jueces 16; Hebreos 11:32-34.

Preguntas Opcionales para la Discusión

¿Cuáles son los principales hechos de la vida de Sansón que aparecen escritos en el libro de Jueces? Repásalos.

¿Qué aprendiste en cuanto al voto de un nazareo? ¿Cuánto tiempo debía guardar Sansón este voto? ¿Lo cumplió?

¿De dónde obtenía Sansón su fuerza? ¿Qué relación hay entre tu respuesta a esta pregunta y el hecho de que Sansón perdiera su fuerza?

¿Qué ves como fortalezas y debilidades de Sansón?

¿A qué clase de mujeres amó Sansón? ¿En qué terminaron estas relaciones?

En cuatro capítulos, recorriste desde el nacimiento de Sansón hasta su muerte. Y de acuerdo a lo leído, ¿qué clase de héroe crees que era este hombre?

¿Cuándo fue Sansón más competente? ¿Encuentras alguna aplicación espiritual para tu propia vida?

¿De qué manera se compara todo lo que viste esta semana con tu primera impresión de Sansón?

¿Qué lecciones aprendiste de tu estudio de la vida de Sansón que puedas aplicar a tu propia vida?

Pensamiento para la Semana

Los ojos de Sansón lo metieron en problemas; él vio una mujer en Timnat, a una prostituta en Gaza, y por último se enamoró de Dalila (una mujer del valle de Sorec).

Fue su debilidad carnal no refrenada la que lo redujo a convertirse en un impotente hombre de Dios. El mismo hombre que había conocido el poder del Espíritu de Dios sobre él, ahora estaba ciego, encadenado y moliendo en un molino. Este hombre, llamado a vencer a los enemigos de su pueblo había sido vencido por su pasión por una mujer; una pasión que lo llevó a violar su voto a Dios. Por lo tanto, el Espíritu de Dios se apartó de él.

¿Y acaso valió la pena? Los ojos que provocaron su lujuria le fueron sacados, y el que había atado a otros ahora se encontraba encadenado. El hombre que había matado a un león con sus manos era ahora objeto de diversión y entretenimiento para quienes debía haber vencido. Ahora era para ellos un payaso ciego, avasallado e impotente, al punto de llevarlo a desear su propia muerte. Pero por su disposición a morir, experimentó nuevamente el poder del Señor, ¡y con su muerte logró más que todo lo logrado en vida!

Lo mismo sucederá contigo, si estás dispuesto a morir al mundo por causa de Dios. ¿Qué pasiones claman por satisfacción dentro de ti? ¿Qué es eso con lo que crees que no podrías vivir si te faltara? No seas insensato, no seas un Sansón. Por nada ni nadie en el mundo vale la pena perder el poder del Espíritu del Señor.

Entonces, ¡muere! Considérate muerto y estima todas las cosas como pérdida por la excelencia del conocimiento de Jesucristo. Si el grano de trigo no cae en tierra y muere, queda solo, pero si muere lleva mucho fruto. Haz morir tus pasiones antes que ellas te cieguen, te aten con cadenas y te encuentres moliendo en el molino de tus enemigos.

¡Sansón hizo más con la muerte que ofrendó, que con la vida que malgastó! Jesús dijo: "Si alguno quiere venir en pos de mí, niéguese a sí mismo, tome su cruz, y que Me siga" (Mateo 16:24 NBLH).

SÉPTIMA SEMANA

¡VENDIDO! ¡VENDIDO POR PLATA, VESTIDOS Y COMIDA!

PRIMER DÍA

Lee Jueces 17 y nota la frase clave del versículo 6 y su contexto, planteando las seis preguntas básicas.

SEGUNDO DÍA

Nuevamente lee Jueces 17, pero esta vez marca de manera distintiva toda referencia al *levita*. Luego, en tu cuaderno, anota todo lo que aprendas acerca de él.

TERCER DÍA

Hoy obtendrás más información en cuanto a qué era un levita, a su llamamiento y a sus responsabilidades en su servicio a Dios, en tu lectura de Levítico 21:1, 6-8, 13-15 (Aarón era de la tribu de Leví.)

En el estudio de hoy y de mañana, marca toda referencia a *Aarón*, *Leví* y los *sacerdotes*, de la misma manera que marcaste *levita* en Jueces 17 (Leví aparecerá nuevamente en la lectura de mañana). Todas estas referencias corresponden a la tribu de Leví, que era la responsable de todo cuanto tenía que ver con la adoración y el tabernáculo. Y si ya hiciste todo el estudio del libro de Josué, habrás notado que los levitas no poseían tierras, sino que vivían en ciudades expresamente señaladas ya que el Señor era su única heredad.

Anota tus observaciones acerca de los levitas en la lista que tienes de ellos en tu cuaderno.

CUARTO DÍA

Queremos continuar viendo algunas referencias cruzadas en cuanto a los levitas para que puedas tener una mejor comprensión de lo mal que estaban las cosas en los días de los jueces.

Lee Números 25:1-13; Deuteronomio 33:8-11; y Malaquías 2:1-8. Sigue agregando datos a tu lista.

Apunta las referencias cruzadas acerca de los levitas en el margen de Jueces 17 al 19.

QUINTO DÍA

Lee Jueces 18 y observa con mucho cuidado los principales personajes y hechos de este capítulo. Marca cada referencia que encuentres en cuanto al *sacerdote (levita), Micaías,* y los *danitas,*[36] quienes eran hijos de Dan. Después, observa qué hace cada uno en este capítulo y añádelo a tu lista de datos.

SEXTO DÍA

Lee nuevamente Jueces 17 y 18. Al hacer la lectura, marca cada referencia a imagen *tallada*[37] (*ídolos,*[38] *dioses*). Luego, enumera todo cuanto aprendas en este capítulo sobre la imagen tallada y los ídolos domésticos (terafines). Subraya también la referencia a la *casa de Dios* y toma nota de dónde se encontraba en ese momento.

No olvides anotar el tema de Jueces 17 y 18 en el cuadro del PANORAMA DE JUECES en la página 96.

SÉPTIMO DÍA

Para guardar en tu corazón: Jueces 17:6.
Para leer y discutir: Jueces 17:1-6, 9-10; 18:27-31; Éxodo 20:1-6.

PREGUNTAS OPCIONALES PARA LA DISCUSIÓN

¿Notaste alguna diferencia en Jueces 17 y 18, en comparación con los primeros dieciséis capítulos de Jueces que acabas de estudiar? ¿Cuál fue la diferencia?

¿De qué trata Jueces 17 y 18? ¿Quiénes son los principales personajes?

a. ¿Qué aprendiste sobre la época de los jueces al hacer la lectura acerca de Micaías y su madre?

b. ¿Qué tan equivocado (o bíblicamente errado) estaba el modo de pensar y el concepto de Micaías en cuanto a Dios? ¿Cómo lo sabes?

c. ¿Qué aprendiste en estos capítulos acerca de los hombres de la tribu de Dan? ¿Qué te dice esto en cuanto a las ideas y a los valores de las personas en los días de los jueces?

¿De qué manera el comportamiento del levita (como se menciona en Jueces 17 y 18) se compara con las instrucciones de Dios en cuanto a los sacerdotes, los de la casa de Leví?

a. Discute todo lo aprendido acerca de los sacerdotes o levitas por el estudio de estos pasajes.

b. ¿El levita podía ser comprado? ¿A qué precio?

¿Qué enseña Éxodo 20:1-6 acerca de los ídolos o imágenes talladas? ¿De qué manera lo que ocurre en Jueces 17 y 18 se compara con lo que leíste en Éxodo 20? ¿Qué descubres sobre los días de los jueces?

¿Ves algunas similitudes entre nuestro mundo de hoy y lo que dice el libro de Jueces? Discute estas semejanzas y a qué se atribuyen.

Pensamiento para la Semana

En varios lugares de la Biblia Dios nos dice que hemos sido llamados a ser un reino de sacerdotes para Él; que debemos ofrecer sacrificios espirituales, y que no debemos tener nada que ver con los ídolos.

Al considerar esto, ¿cómo estás viviendo? ¿Estás caminando de una manera digna de tu supremo llamamiento en Cristo Jesús, o estás viviendo como bien te parece?

El levita se vendió a sí mismo y a su sacerdocio, por un poco de plata, vestidos y comida. ¡No caigas en la trampa que te quitará tu valor y prostituirá el llamamiento que has recibido del Señor!

OCTAVA SEMANA

La Total Derrota por Hacer lo Que a Uno Bien le Parece

Primer día

Lee Jueces 19 y descubre el contexto en que se producen los eventos de este capítulo; cuyo relato contenido aquí es realmente espantoso.

Segundo día

Lee nuevamente Jueces 19 y marca cualquier referencia al *levita* como ya lo hiciste la semana pasada. Toma nota de los personajes principales de este capítulo: Quiénes son y cómo se afectan mutuamente. Presta atención a los nombres de las tribus mencionadas en este capítulo.

Tercer día

Repasa lo que aprendiste acerca de los levitas la semana pasada en la lista que llevas en tu cuaderno. ¿De qué manera estos versículos contrastan lo que este levita hace en cuanto a tener una concubina, y con lo hecho por ella?

Lee Jueces 19:22-30 y marca la palabra *vilmente*[39] junto

con cualquier sinónimo o pronombre que se refiera a ella. Después, lee Génesis 19:1-29; y escribe qué enseñan estos pasajes en cuanto a la homosexualidad. En Jueces 19, toma nota también de qué tribu eran homosexuales y señálalo de manera distinta.

CUARTO DÍA

Lee Jueces 19:29-20:14. Marca cada referencia al *levita*, a la *tribu de Benjamín* o a *los hijos de Benjamín*. Señala también las referencias a *Benjamín* (y a *Guibeá*,[40] ya que pertenecía a Benjamín), al igual que toda referencia a *maldad*.[41] Marca también la palabra *lascivia*[42] e *infamia*[43] de la misma forma como marcaste *maldad*, ya que la palabra se refiere a una acción perversa.

Después de hacer esta lectura, qué piensas que está sucediendo y por qué.

QUINTO DÍA

Lee Jueces 20:12-48 y marca cada referencia a la *tribu de Benjamín* o a los *hijos de Benjamín* o *Guibeá*, como lo hiciste ayer. Señala cada vez que aparezcan las frases *varones de Israel, israelitas*[44] y *hombres de Israel*.[45]

En este capítulo se describen tres batallas. Distingue con mucho cuidado cada una de ellas; y toma nota de qué hacen los hijos de Israel antes de cada batalla, y cuál es el resultado obtenido en ellas.

Cuando termines de estudiar este capítulo, encontrarás esclarecedor buscar la cifra de bajas y escribir por qué murieron.

SEXTO DÍA

Lee Jueces 21, y una vez más señala las referencias a los *israelitas*,[46] *hombres de Israel*[47] y a los *Benjamitas*.[48]

Al leer este capítulo, toma nota de cuál es el problema o dilema y cómo se resolvió. ¡Y por último, observa la conclusión de todo esto!

Escribe el tema de Jueces 19, 20 y 21 en el cuadro del PANORAMA DE JUECES en la página 96.

SÉPTIMO DÍA

Para guardar en tu corazón: Jueces 19:30
Para leer y discutir: Jueces 19:22-20:13.

Preguntas Opcionales para la Discusión

A manera de repaso, ¿a qué se refieren los cinco últimos capítulos de Jueces?

a. ¿Estos capítulos contienen algo en cuanto a los jueces de Israel?

b. ¿Por qué crees que Dios incluyó estos relatos en los capítulos 17 al 21 de Jueces, que cubren alrededor de trescientos cincuenta años de la historia de Israel?

¿De qué manera te ha afectado el estudio de los tres últimos capítulos de Jueces?

a. ¿Hasta qué punto crees que son aplicables estos capítulos hoy en día y por qué?

b. ¿De qué manera sientes que estos capítulos encajan con la situación actual? ¿Qué similitudes ves?

c. ¿Qué puedes aprender en estos capítulos?

🕊 Un levita se encuentra implicado en los acontecimientos de cada uno de estos últimos cinco capítulos. ¿Te dice esto algo acerca de la condición espiritual de aquellos tiempos? ¿Ves algunas semejanzas con la situación de hoy?

☐ ∞ ¿Qué piensas en cuanto a la forma en que la nación de Israel enfrentaba sus problemas? ¿Lo hacían de manera bíblica? Explica tu respuesta. ¿Qué te dice esto en cuanto a esos tiempos?

☐ ∞ ¿Qué precio tuvieron que pagar los israelitas por sus acciones, al tratar de resolver sus problemas?

☐ ∞ ¿Qué dice en cuanto a la condición de aquellos tiempos, la forma en la que la tribu de Benjamín trató el asunto de juzgar la conducta homosexual de sus hombres?

a. ¿Qué dice la palabra de Dios acerca de la homosexualidad? Si este estudio lo haces en grupo, que todos compartan pasajes bíblicos adecuados. Si no saben ninguno, discutan los siguientes: Levítico 18:22; 20:13 (20:10-21); Romanos 1:26,27 (1:18-32); 1 Corintios 6:9-11.

b. ¿Encuentras algún paralelo entre proteger la homosexualidad y a quienes han contraído SIDA y muerto a consecuencia de ese pecado, y las personas que murieron en Jueces 20 por negarse a condenar el pecado? ¿El pecado corrompe a las naciones como Dios lo afirma?

🔖 ¿Cuál es la verdad o principio más importante que aprendiste del libro de Jueces? ¿Cómo piensas vivir ahora a la luz de esa verdad?

Pensamiento para la Semana

La apatía espiritual conduce a la apostasía, y la apostasía tan sólo lleva a la anarquía. La anarquía se produce cuando el hombre hace lo que a él le parece bien, ¡porque no da cuentas a nadie por sus actos, sino sólo a sí mismo!

¡Qué parecidos son nuestros días a los días de los jueces! Las iglesias están llenas de personas esclavas de la idolatría porque, según Colosenses 3:5, la avaricia es idolatría. Por todos lados puede verse la inmoralidad y se tolera y justifica la homosexualidad. En muchas iglesias hay luchas de hermanos contra hermanos. Y cuando hace falta determinación, en vez de ayunar, llorar y arrepentirnos, tratamos de resolver nuestros problemas a nuestra manera, como hicieron en Jueces 21.

No olvidemos que por haber nacido bajo pecado y porque vivimos en un cuerpo de carne, necesitamos no tan sólo un Salvador, sino también un Señor. Necesitamos a Alguien que nos gobierne; a Alguien que dirija nuestros pasos; a Alguien que tenga sabiduría, paciencia y amor infinitos. Si no le permitimos a nuestro Señor que nos gobierne, si no somos fuertes y valientes para hacer todo lo que Él nos ha ordenado, entonces amado, seremos conquistados por las presiones del mundo que nos rodea y por la frivolidad de nuestros propios razonamientos.

¡Sométete al Rey Jesucristo!

Los Jueces de Israel

Juez	Capítulo y Versículo	Años que juzgó	Hechos Importantes / Logros	Lecciones para Mi Vida

Los Jueces de Israel

Juez	Capítulo y Versículo	Años que juzgó	Hechos Importantes / Logros	Lecciones para Mi Vida

Los Jueces de Israel

Juez	Capítulo y Versículo	Años que juzgó	Hechos Importantes / Logros	Lecciones para Mi Vida

Los Jueces de Israel

Juez	Capítulo y Versículo	Años que Juzgó	Hechos Importantes / Logros	Lecciones para Mi Vida

Panorama de Jueces

Tema de Jueces:

Autor:

Fecha:

Propósito:

Palabras Clave:

División por Secciones

		Temas por Capítulo
		1
		2
		3
		4
		5
		6
		7
		8
		9
		10
		11
		12
		13
		14
		15
		16
		17
		18
		19
		20
		21

Rut

PRIMERA SEMANA

Cuando Buscas Refugio Bajo la Sombra de Sus Alas ...

Primer Día

Lee el primer capítulo de Rut para obtener el contexto de este breve pero dinámico libro. Al leerlo, observa con mucho cuidado el contexto histórico y geográfico del libro.

Viaje de Rut desde Moab hasta Belén

Cuando veas alguna expresión de tiempo, dibuja un círculo sobre la frase o en el margen de tu Biblia junto al versículo que muestra el "cuando" de los hechos de este primer capítulo.

Observa con detenimiento los principales personajes y acontecimientos de este capítulo, y consulta el mapa en esta página para ubicarte en el contexto geográfico de la narración.

Es posible que hayas oído citar alguna vez el pasaje de Rut 1:16, 17; ahora toma nota del contexto de estos versículos: ¿Quién está hablando, a quién, cuándo, por qué y bajo qué circunstancias?

Anota el tema principal del capítulo 1 en el cuadro de PANORAMA DE RUT en la página 105.

SEGUNDO DÍA

Lee Rut 2 y marca las referencias a *Booz*. Señala también toda referencia a *pariente*[1] y *parientes más cercanos*.[2] Al terminar, haz una lista en tu cuaderno de todo lo que aprendas acerca de Booz en el texto.

TERCER DÍA

Vuelve a leer Rut 1 y 2; esta vez realiza una lista de las cosas que aprendas en cuanto a Rut en estos dos capítulos (marca todas las referencias de una misma manera o con un color especial al hacer la lectura de estos capítulos). ¿Qué clase de mujer era Rut, de acuerdo con las Escrituras? ¿Pasa inadvertida esta descripción?

Registra el tema del capítulo 2 en el cuadro del PANORAMA DE RUT en la página 105.

La Genealogía de Booz

Abram + Sarai
(Abraham + Sara)
↓
Isaac + Rebeca
↓
Jacob + Lea
↓
Judá + Tamar
↓
Fares
↓
Esrom
↓
Ram
↓
Admin
↓
Aminadab
↓
Naasón
↓
Salmón + **Rahab**
(La ramera)
↓
Booz + **Rut**
(La gentil)
↓
Obed
↓
Isaí
↓
David
"de quien vino María la madre de Jesús"

CUARTO DÍA

Lee hoy Rut capítulo 3; y al hacerlo, marca las siguientes palabras de una manera distinta: *Pariente, pariente cercano,*[3] *redimir.* Observa cómo se describe a Rut en este capítulo y añade tus observaciones a la lista que iniciaste ayer.

Observa los acontecimientos que se producen en este capítulo, y luego escribe el tema principal del capítulo en el cuadro del PANORAMA DE RUT en la página 105.

QUINTO DÍA

En el capítulo 4 de Rut concluye esta historia de amor. Léelo con cuidado y una vez más marca las mismas palabras clave de ayer en sus diferentes formas: *Redimir, derecho de redención,*[4] *pariente cercano, pariente más cercano*[5] *o redentor.*[6] Añade a tu lista de Rut cualquier nueva observación que veas.

Al leer, toma en cuenta el cuadro LA GENEALOGÍA DE BOOZ de esta página. Observarás que Admin aparece en el cuadro de Booz. Consulta Lucas 3:32 y Mateo 1:5 para descubrir mayores detalles. Recuerda lo que aprendiste acerca de Rahab en tu estudio del libro de Josué (¡si todavía no has estudiado este libro, te emocionará descubrir una gran verdad cuando lo hagas!)

Sexto Día

Para saber lo que en realidad ocurre en Rut 3 y 4, primero debes familiarizarte con las leyes de la redención registradas en Levítico 25:23-28. En este pasaje de Levítico, marca todas las referencias a las palabras clave que ya marcaste en Rut: *pariente más cercano*[7] y *redimida*.[8]

Lee ahora Deuteronomio 25:5-10. Fíjate qué aprendes en este pasaje que se relacione con lo que ya hayas leído en el libro de Rut, porque sí hay una relación entre ellos. Apunta estos versículos que se relacionan entre sí como referencias cruzadas. Esto también te será muy útil para cuando no dispongas de tus notas de estudio, ¡porque estas notas las encontrarás en tu propia Biblia! Por lo tanto, escribe las referencias cruzadas de Deuteronomio en el margen de tu Biblia junto al texto correspondiente de Rut.

Escribe el tema principal del capítulo 4 en el PANORAMA DE RUT en la página 105.

Séptimo Día

Para guardar en tu corazón: Rut 2:12.
Para leer y discutir: Rut 4 y Génesis 38.

Preguntas Opcionales para la Discusión

¿Qué fue lo que más te interesó del libro de Rut? ¿Por qué?

¿En qué período de tiempo tiene lugar este libro? Discute qué has observado en el capítulo 1 en cuanto al contexto histórico y geográfico.

☙ ¿Qué aprendiste sobre el papel del "pariente redentor" en el libro de Rut?

☐ ☙ ¿Qué aprendiste en cuanto a la responsabilidad para con las viudas sin hijos, en los tiempos bíblicos? ¿En qué se parece Booz a Judá, de acuerdo con lo leído en Génesis 38?

☐ ☙ ¿Qué aprendiste después de haber estudiado los personajes de este libro, que puedas aplicar a tu propia vida como hombre, mujer, suegra, nuera u otro pariente?

☐ ☙ ¿Qué aprendiste del personaje de Rut en este libro?

☐ ☙ ¿Qué lecciones aprendiste sobre la responsabilidad para con los huérfanos y viudas en los tiempos bíblicos? ¿Cómo se compara Booz con lo que leíste acerca de Judá en Génesis 38?

☐ ☙ Cuando observas los nombres de las mujeres en la genealogía de nuestro Señor Jesucristo, y ya que Dios es soberano, ¿qué aprendes en cuanto a Dios por Su elección de quienes constituirían el "árbol genealógico" terrenal de Su Hijo?

☐ ☙ El libro de Rut corresponde al tiempo de los jueces, donde cada uno hacía lo que bien le parecía. ¿De qué manera se compara lo que aprendiste acerca de Rut con el espíritu de los hijos de Israel de ese tiempo? (El espíritu de los hijos de Israel puede observarse en el libro de Jueces. Si todavía no has estudiado Jueces, probablemente no podrás responder a esta pregunta).

Pensamiento para la Semana

La nobleza de carácter es algo raro en nuestros tiempos, en que muchos hacen lo que bien les parece.

Rut, que es llamada una mujer virtuosa (3:11), tomó una decisión que demostró su nobleza de carácter y respeto por su posición y responsabilidad como esposa y como nuera. Y su decisión no pasó inadvertida a los ojos de Dios ni tampoco a los ojos de la comunidad.

Lo que Rut perdió con la muerte de su esposo lo ganó con "la muerte de su propio yo". Rut escogió el camino del honor y por eso Dios la honró colocándola como una mujer "gentil" en la genealogía de Su Hijo. Ella tuvo el honor de dar a luz a Obed, quien a su vez engendraría a Isaí el padre de David, el rey de Israel, un hombre según el corazón de Dios. Y como ya sabes, de David descendió María, la madre de Jesús.

Rut estará en la resurrección de los justos, porque escogió al Dios de Noemí como su Dios. Y el Señor, el Dios de Israel bajo cuya sombra ella buscó y encontró el refugio que buscaba, recompensó generosamente su acción.

Levantemos otra generación, una simiente santa de hombres y mujeres que quieren vivir de una manera buena, noble y sacrificada, en vez de vivir para su propio yo y hacer lo que bien les parece.

Seamos ejemplo para otras personas en cuanto a nuestro estilo de vida; para que ellas nos imiten, así como nosotros imitamos a nuestro Señor Jesucristo.

Recordémosles que el mismo Señor recompensará su trabajo si buscan refugio bajo Sus alas al hacer las cosas que le agradan y lo reflejan.

Panorama de Rut

Tema de Rut:

Autor:

Fecha:

Propósito:

Palabras Clave:

redención

pariente cercano

Noemí

Rut

Booz

División por Secciones	Temas por Capítulo
1	
2	
3	
4	

Notas

Josué

1. RV 1960: "esfuérzate"
2. NVI: "permanecieron"
3. RV 1960: "mandad"
   NVI: "díganle"
4. RV 1960: "mandamiento"
   NVI: "órdenes"
5. NVI: "tomar posesión"
6. RV 1960: "heredad"
   NVI: "herede"
7. RV 1960: "hijos de Israel"
8. RV 1960: "circuncidar"
9. NVI: "circuncidados"
10. RV 1960 : "temáis"
    NVI: "temerlo"
11. NVI: "hacer frente"
12. RV 1960: "pelearon"
    NVI : "atacarla"
13. RV 1960, NVI: "tomaron"
14. NVI: "exterminio"
15. NVI: usa "Rajab"
16. RV 1960: "anatema"
    NVI: "destinado a la destrucción"
17. RV 1960: "alianza"
    NVI: "tratado"
18. NVI: "Quinéret"
19. RV 1960: "anatema"
    NVI: "destinado a la destrucción"
20. NVI: "herencia"
21. RV 1960: "poseer"
22. RV 1960: "dicho"

23. NVI: "los descendientes", "el clan de"
24. NVI: "adoraban"
25. RV 1960: "esta buena tierra que Jehová vuestro Dios os ha dado"
    NVI: "esta buena tierra que el Señor su Dios les ha entregado"
26. RV 1960: "la buena tierra que Jehová vuestro Dios os ha dado"
    NVI: "esta tierra que Él les ha entregado"
27. NVI: "adoraron"

JUECES

1. RV 1960: "no lo arrojaron"
   NVI: "no lograron expulsar"
2. RV 1960: "tampoco arrojó"
   NVI: "no pudieron expulsar"
3. RV 1960: "los hijos de Israel"
4. NVI: "poner a prueba"
5. RV 1960: "los hijos de Israel hicieron lo malo ante los ojos de Jehová"
   NVI: "esos israelitas hicieron lo que ofende al Señor"
6. NVI: "los vendió a"
7. RV 1960: "Y Jehová levantó jueces"
   NVI: "Entonces el Señor hizo surgir caudillos"
8. RV 1960: "Hicieron pues los hijos de Israel lo malo ante los ojos de Jehová"
   NVI: "los israelitas hicieron lo que ofende al Señor"
9. RV 1960: "Volvieron los hijos de Israel a hacer lo malo ante los ojos de Jehová"
   NVI: "Una vez más los israelitas hicieron lo que ofende al Señor"
10. RV 1960: "y Jehová levantó un libertador"
    NVI: "Él hizo que surgiera un libertador"
11. RV 1960: "el cual los entregó en manos de"

12. RV 1960: "entonces clamaron los hijos de Israel a Jehová"
    NVI: "pero clamaron al Señor"
13. RV 1960: "y tuvieron gran aflicción"
    NVI: "llegaron a verse muy angustiados"
14. RV 1960: "entonces clamaron los hijos de Israel a Jehová"
    NVI: "pero clamaron al Señor"
15. RV 1960: "los hijos de Israel volvieron a hacer lo malo ante los ojos de Jehová"
    NVI: "los israelitas volvieron a hacer lo que ofende al Señor"
16. RV 1960: "Y Jehová los vendió en mano de"
    NVI: "el Señor los vendió a"
17. RV 1960: "los hijos de Israel clamaron a Jehová"
18. NVI: "adelante"
19. RV 1960: "levantándose"
    NVI: "fue"
20. RV 1960, NVI: "cuando sale"
21. RV 1960: "los hijos de Israel hicieron lo malo ante los ojos de Jehová"
    NVI: "los israelitas hicieron lo que ofende al Señor"
22. RV 1960: "y Jehová los entregó en mano de"
    NVI: "y él los entregó en manos de"
23. RV 1960: "y los hijos de Israel clamaron a Jehová"
    NVI: "que clamaron al Señor pidiendo ayuda"
24. RV 1960: "no temáis"
    NVI: "no adoren"
25. RV 196: "temiendo"
    NVI: "tenía miedo"
26. RV 1960: "Jehová"
27. RV 1960: "Jehová, el Dios de Israel"
    NVI: "Señor, el Dios de Israel"
28. RV 1960: "Jehová, tu Dios"
29. RV 1960: "Señor, Jehová"
    NVI: "Señor y Dios"
30. RV 1960: "tema"
    NVI: "temblando"

31. RV 1960: "los hijos de Israel volvieron a hacer lo malo ante los ojos de Jehová"
    NVI: "los israelitas hicieron lo que ofende al Señor"
32. RV 1960: "los entregó en mano de"
    NVI: "los vendió a"
33. RV 1960: "los hijos de Israel clamaron a Jehová"
34. RV 1960: "los hijos de Israel volvieron a hacer lo malo ante los ojos de Jehová"
    NVI: "los israelitas hicieron lo que ofende al Señor"
35. RV 1960: "Espíritu de Jehová"
36. RV 1960, NVI: "la tribu de Dan"
37. RV 1960: "imagen de talla"
38. NVI: "terafines"
39. RV 1960: "cometáis este mal"
    NVI: "viles"
40. RV 1960: "Gabaa"
41. NVI: "infamia"
42. RV 1960: "maldad"
    NVI: "acto depravado"
43. RV 1960: "abominación"
44. RV 1960: "hijos de Israel"
45. NVI: "israelitas como un solo hombre"
46. RV 1960: "los hijos de Israel"
47. RV 1960: "varones de Israel"
    NVI: "israelitas"
48. RV 1960: "los hijos de Benjamín"
    NVI: "benjaminitas"

Rut

1. NVI: "pariente cercano"
2. RV 1960: "uno de los que puede redimirnos"
   NVI: "uno de los parientes que nos puede redimir"
3. NVI: "pariente que me puede redimir"
4. RV 1960, NVI: "derecho"

5. RV 1960: "pariente"
   NVI: "pariente redentor"
6. RV 1960: "pariente"
7. RV 1960: "pariente más próximo"
   NVI: "pariente más cercano"
8. RV 1960: "rescate"
   NVI: "recobrar"

Acerca De Ministerios Precepto Internacional

Ministerios Precepto Internacional fue levantado por Dios para el solo propósito de establecer a las personas en la Palabra de Dios para producir reverencia a Él. Sirve como un brazo de la iglesia sin ser parte de una denominación. Dios ha permitido a Precepto alcanzar más allá de las líneas denominacionales sin comprometer las verdades de Su Palabra inerrante. Nosotros creemos que cada palabra de la Biblia fue inspirada y dada al hombre como todo lo que necesita para alcanzar la madurez y estar completamente equipado para toda buena obra de la vida. Este ministerio no busca imponer sus doctrinas en los demás, sino dirigir a las personas al Maestro mismo, Quien guía y lidera mediante Su Espíritu a la verdad a través de un estudio sistemático de Su Palabra. El ministerio produce una variedad de estudios bíblicos e imparte conferencias y Talleres Intensivos de entrenamiento diseñados para establecer a los asistentes en la Palabra a través del Estudio Bíblico Inductivo.

Jack Arthur y su esposa, Kay, fundaron Ministerios Precepto en 1970. Kay y el equipo de escritores del ministerio producen estudios **Precepto sobre Precepto,** Estudios **In & Out**, estudios de la **serie Señor**, estudios de la **Nueva serie de Estudio Inductivo**, estudios **40 Minutos** y **Estudio Inductivo de la Biblia Descubre por ti mismo para niños.** A partir de años de estudio diligente y experiencia enseñando, Kay y el equipo han desarrollado estos cursos inductivos únicos que son utilizados en cerca de 185 países en 70 idiomas.

Movilizando
Estamos movilizando un grupo de creyentes que "manejan bien la Palabra de Dios" y quieren utilizar sus dones espirituales y talentos para alcanzar 10 millones más de personas con el estudio bíblico inductivo.
Si compartes nuestra pasión por establecer a las personas en la Palabra de Dios, te invitamos a leer más. Visita **www.precept.org/Mobilize** para más información detallada.

Respondiendo Al Llamado
Ahora que has estudiado y considerado en oración las escrituras, ¿hay algo nuevo que debas creer o hacer, o te movió a hacer algún cambio en tu vida? Es una de las muchas cosas maravillosas y sobrenaturales que

resultan de estar en Su Palabra – Dios nos habla.

En Ministerios Precepto Internacional, creemos que hemos escuchado a Dios hablar acerca de nuestro rol en la Gran Comisión. Él nos ha dicho en Su Palabra que hagamos discípulos enseñando a las personas cómo estudiar Su Palabra. Planeamos alcanzar 10 millones más de personas con el Estudio Bíblico Inductivo.

Si compartes nuestra pasión por establecer a las personas en la Palabra de Dios, ¡te invitamos a que te unas a nosotros! ¿Considerarías en oración aportar mensualmente al ministerio? Si ofrendas en línea en **www.precept.org/ATC**, ahorramos gastos administrativos para que tus dólares alcancen a más gente. Si aportas mensualmente como una ofrenda mensual, menos dólares van a gastos administrativos y más van al ministerio.
Por favor ora acerca de cómo el Señor te podría guiar a responder el llamado.

COMPRA CON PROPÓSITO
Cuando compras libros, estudios, audio y video, por favor cómpralos de Ministerios Precepto a través de nuestra tienda en línea (**http://store.precept.org/**) o en la oficina de Precepto en tu país. Sabemos que podrías encontrar algunos de estos materiales a menor precio en tiendas con fines de lucro, pero cuando compras a través de nosotros, las ganancias apoyan el trabajo que hacemos:

- Desarrollar más estudios bíblicos inductivos
- Traducir más estudios en otros idiomas
- Apoyar los esfuerzos en 185 países
- Alcanzar millones diariamente a través de la radio y televisión
- Entrenar pastores y líderes de estudios bíblicos alrededor del mundo
- Desarrollar estudios inductivos para niños para comenzar su viaje con Dios
- Equipar a las personas de todas las edades con las habilidades es estudio bíblico que transforma vidas

Cuando compras en Precepto, ¡ayudas a establecer a las personas en la Palabra de Dios!

www.ingramcontent.com/pod-product-compliance
Lightning Source LLC
Chambersburg PA
CBHW071300040426
42444CB00009B/1797